타니아키라谷晃의 차문화 기행紀行

타니아키라 지음, 박영봉 옮김

茶의
세계

차 그리고 나

제가 일본 전통 다도茶道-차노유茶の湯-와 만난 것은 대학에 입학한 후, 그러니까 50년이 지난 일입니다. 그렇다고 대학에서 처음 그것을 알았다는 건 아닙니다. 어머니께서는 그때까지 일본 전통 다도를 배우고 계셨습니다. 하지만 제가 보는 데서 다도를 행하신 일도 없었으며, 저에게 다도를 권유하신 적도 없었습니다. 대학에 들어간 후, 스스로의 선택에 의해 다도를 접하게 되었습니다.

이후 50여 년은 다도와 함께한 세월이라 해도 과언이 아닙니다. 행복한 동행이었습니다. 단지 다도와 함께한 방식은 때에 따라 조금씩 달랐다고 할 수 있습니다. 대학 시절은 집중적으로 다도를 배우며 알아 가던 시기였으며, 졸업 후 취직한 출판사에서는 다도에 관한 책이나 잡지를 주로 발행하고 있었기에 책 편집자로서 다도와 사귀었던 셈입니다.

출판사를 떠나 고세쓰香雪 미술관을 거쳐 노무라野村 미술관으로 자리를 옮겼습니다. 일본 미술관은 대개 다도와 관련된 미술품이 주요한 소장품입니다. 필연적으로 그들과의 만남으로 이어지게 되었고, 이번에는 연구자로서 보다 속 깊은 대화를 나누게 되었습니다. 노무라 미술관에 둥지를 틀고 나서는 소장 미술품에 대한 연구뿐만이 아니라 차문화와 도자기로 영역을 넓혔고, 일본뿐 아니라 한국과 중국을 비롯한 세계 각지의 차문화와 도자기를 연구하게 되었습니다.

이 책은 그런 과정에서 일기처럼 쌓인 단편적인 기록입니다. 일종의 르포르타주reportage라 할 수도 있을 것입니다. 이를 통해 세계 각지의 다양한 차문화와 도자기는 오래 전부터 교류하고 있었음을 알게 될 것입니다. 동시에 아주 오래 전부터 다양한 사람들과 민족끼리 교감하고 있었다는 것도 느끼게 될 것입니다.

차문화와 도자기 생산은 지금도 세계 각지에서 현재진행형이며 앞으로도 계속될 것임은 틀림없습니다. 저는 이런 문화를 통한 교류가 상호 우호와 이해를 심화해 가는 것이라 믿고 있습니다. 따라서 졸저가 한국을 비롯한 지구촌 사람들의 우호관계와 이해에 일말의 도움이 되기를 희망합니다. 아니 그렇게 된다면 다행일 것입니다.

선뜻 출판에 응해 준 〈차의 세계〉 최석환 발행인과 한글로 옮긴 박영봉 씨, 자문을 맡아 준 신한균 사기장에게 감사의 뜻을 표합니다.

타니아키라谷晃(일본 노무라野村 미술관 관장)

목
차

4. 중국

일본

일본 다도 훑어 읽기
– 오백년 역사를 몇 줄로 줄인다

일본에는 자생했던 차나무가 없다고 알려져 있다. 그럼 언제 차가 일본에 들어왔을까? 9세기 초, 에이츄永忠(743~816)라는 승려가 시가현滋賀縣 가라사키唐崎 본샤쿠지梵釋寺에서 사가천황嵯峨天皇에게 차를 헌상했다는 것이 차와 관련된 첫 기록이다. 에이츄는 견당사遣唐使로서 당나라에 건너가 차를 접했고 일본으로 가지고 돌아왔다. 차 마시는 법은 당나라 시대였으므로 단차團茶-찻잎을 찐 후, 절구에 찧어 덩어리로 숙성시킨 차-였을 것이다.

12세기 말, 13세기 초가 되면 말차抹茶가 전해진다. 송나라 사원에 유학하던 승려들이 그곳에서 마셨던 말차 음용법과 찻사발인 천목天目-다도에서 높이 평가했던 중국 대표적인 찻사발-, 찻솔 등의 도구를 가지고 돌아온 것이다.

그들은 선禪수행을 할 때, 졸음을 쫓거나 각종 질병을 치유하기 위해

차를 마셨다. 에이사이榮西라는 승려는 차의 효능을 책으로 정리하여 찻 잎과 함께 쇼군인 미나모토사네토모源實朝에게 헌상하기도 하였다. 점차 기호음료로서도 마실 수 있게 되었으며 차를 재배하는 장소도 늘어 갔 다. 그중에서도 에이사이가 가져온 차의 씨를 묘오에明惠가 도가노梅尾- 교토 소재- 고잔지高山寺 경내와 그 부근에 심은 것이 품질이 가장 좋아 가 마쿠라鎌倉에 사는 무사들은 다투어 도가노의 차를 구하여 마셨다.

그런 중에 차맛을 비교하며 마시는 놀이가 생겨났다. 이른바 투차鬪 茶-여러 종류의 차를 마시고 차 종류를 알아내는 놀이나 게임의 일종-다. 도가노의 차를 본차本茶로 하고, 그 외의 산지의 차를 비차非茶라 하여 '진짜와 가 짜의 판단' 이라는 놀이가 크게 유행하게 되었다. 뿐만 아니라 4종류의 차를 10번 마셔 각각 어떤 차인지 판단하는 '4종 10복차' 도 고안되었다. 이것은 무사들뿐만 아니라 귀족이나 조닝町人-상인-들 사이에도 유행하 였으며 전국적으로 즐기는 문화가 되었다.

4종 10복차는 오랫동안 계속되었으나 15세기가 되면서 성격이 달라 진다. 내기나 놀이로서가 아니라 거기서 사용하던 다완이나 물항아리 등 자랑할 만한 물건들을 소장하는 사람들이 나타났고, 차를 마시는 일 과 그 자체에 정신적 의미를 중시하기 시작했다. '차를 마시는 풍류의 도' 라 할 수 있는 그것을 차스키茶數寄라 하였다. 차스키가 곧 다도라고 할 수 있을 지 단정하기 어렵지만, 다도를 구성하는 세 요소인 차실과 데 마에点前-일본 다도의 고유 용어. 차를 타서 대접하는 매우 규칙적이고 복잡한 순서나 의식-, 다도구를 갖추고 있었다. 이 시기에 활약한 사람이 바로 무라타쥬 코村田珠光인데 다도의 시조로 추앙받게 된다.

16세기에 들어서면서 차스키는 더욱 성행했다. 이때부터 그것을 지탱 한 것은 무사나 귀족보다 교토, 나라, 사카이, 하카다에서 장사로 부를 축적한 조닝들이었다. 이들은 무로마치막부가 쇠퇴한 후, 쇼군 집안이나 슈고다이묘守護大名-지방 영주-, 사원 등에서 내놓은 중국의 박재品舶載品-배로 운반한 물건. 이를 당나라 물건이라 불렀다-을 사서 모아 다도구로 사용하였다. 다도구는 일정한 기준에 의해 선택되었는데, 그 중에는 이미 명물로 이름 높은 것도 많았다.

이전에는 별도의 방에서 말차抹茶를 타서 손님이 있는 방으로 가져와 대접했는데, 챠스키 시대가 되면서 전용 차실에서 손님에게 차를 타게 되었다. 그러면서 차를 타는 동작과 순서가 결정되고 데마에가 성립되었다. 16세기 후반에는 차실이 점점 좁아져 마침내 두 장의 다다미 면적에 이른다. 이렇게 정원이나 창문, 천장, 입구 등에서 일본건축 중에서도 독특한 차실이 확립된다. 이 시기에 쥬코를 이어 활약한 사람이 다케노죠오武野紹鴎이며, 그걸 완성한 사람이 일본의 전설적인 차인인 센노리큐千の利休(1522~1591)다.

리큐는 쇼군 도요토미히데요시豊臣秀吉의 다두茶頭-다사茶事를 주관하는 차선생의 우두머리-로 신임을 한 몸에 받았지만 아이러니하게도 오히려 할복의 명을 받아 생을 마감했다. 죽음의 이유는 명확하지 않다. 흔히 그가 평화주의자거나 조선을 사랑했기 때문에 침략을 반대했다고 한다. 최근에는 본래의 직업이 상인이었기에 자신의 업이 타격을 입을 것 같아 반대했다는 주장도 있다.

그 뒤를 이은 사람이 후루타오리베古田織部다. 오리베는 리큐가 완성한 다도를 그대로 수용하지 않고 나름대로의 다도를 전개했다. 다도구와 차실에 대담한 디자인을 도입한 것이다. 지나치다는 비판도 있었지만 그의 업적 역시 높이 평가되고 있다. 오리베도 반역의 의심 속에서 도쿠가와이에야스德川家康로부터 할복의 명을 받게 된다.

오리베에게 사사師事하였고 후계자로서 인정받은 사람이 고보리 엔슈 小堀遠州다. 그 역시 리큐의 다도에 경의를 표하면서도 독자적인 다도를 확립하는데, 특징은 다도를 무사 집안의 정식 접대방식으로 개량하고 헤이안시대의 문화를 다도에 가미했다.

엔슈가 산 시대에는 리큐의 손자인 센노소탄千の宗旦과 가나모리소와 金森宗和도 활약하였다. 소탄은 리큐의 다도를 충실히 지켰으며, 소와는 귀족과 친하여 조정에서도 받아들이기 쉬운 다도를 지향했다. 뒤엔 가타기리 세키슈片桐石州가 나타나 엔슈의 다도를 더욱 추진하여 무사집안에 다도를 확대시켜 많은 다이묘들이 세키슈의 다도를 받아들였다. 이처럼 17세기에는 여러 인물이 활약한 결과 다도가 조닝뿐만이 아니라 무사 집안 및 조정에도 확산되어 많은 사람이 다도를 가까이했고, 기본적인 교양의 한 축으로 간주되었다.

이 시기의 다도는 리큐의 것을 근간으로 하고는 있었지만 엔슈와 가나모리소와가 연구한 다도가 보다 많은 사람으로부터 지지를 받았다. 왜냐하면 리큐가 주창하는 다도는 유흥적인 요소를 가능한 한 배제하였고, 수행의 의미로써 다도와 함께 그것을 행하는 인간이 도달해야 하는 이상적 경지이어야 한다는 엄격한 것이었기 때문이었다.

이와 같은 다도의 실상을 한탄하며 리큐의 다도로 돌아가야 한다고 역설한 것이 리큐 100주기를 계기로 편찬된 《남방록南方錄》이다. 이 책은 지나치게 리큐를 신성화하였기 때문에 오히려 리큐 다도의 본질에서 벗어나는 결과를 초래했다는 결점이 있었지만, 훌륭한 다도 이론서의 하나로 지금도 빛을 잃지 않고 있다.

이렇게 높아진 리큐의 재평가 분위기를 타고 직계인 센노소사千の宗左, 센노소시쓰千の宗室, 센노소슈千の宗守의 세 집안이 주도하는 이에모

토家元제도-이에모토란 다도뿐만 아니라 예능 분야에서 뛰어난 전통을 지닌 가문의 최고 일인자를 가리킴-가 주목을 받게 되었다. 이른바 오모테센케表千家, 우라센케裏千家, 무샤노코지센케武者小路千家다.

이에모토는 세습제이다 보니 부정적인 시각도 있지만, 이것이 있었기에 전통문화가 고유의 모습으로 이어올 수 있었다고 보는 견해도 있다. 또 다도에 있어서는 센케千家의 집안이 스스로 이 제도를 도입한 것이 아니라 지방에서 다도를 가르치는 사람들의 요청 때문이었다는 점도 묵과할 수 없다.

이 시기에는 이들 산센케三千家 외에 야부노우치조치藪內紹智를 시조로 하는 야부노우치케藪內家와 세키슈우를 시조로 하는 세키슈류石州流도 있었지만 대단하지는 못했다.

이에모토 제도의 확립에 따라 다도는 더욱 발전했지만, 한편으로 녹차를 마시는 문화도 확산되었다. 녹차를 마시면서 화가나 의사, 또는 작가와 유학자 등 예술인이나 전문인들은 예술과 이상 등에 대해 이야기하기를 좋아 했다. 그들 역시 오랫동안 다도구나 녹차를 즐기는 방법을 연구하여 왔는데, 18세기 말에는 그것을 근간으로 센차도煎茶道-센차란 녹차 즉 무발효차의 일종이다. 잎을 쪄서 효소가 활성화하지 않게 한 차로 세계적으로 드문 차이며, 생산이나 소비도 거의 일본에 한정되어 있다-를 확립한다. 이 센차도는 내가 본 한국의 전통다도와 유사하다.

그들은 중국 문인들이 녹차를 마시면서 은둔생활을 즐기는 것을 동경했는데, 당시의 말차에 대해서는 예리한 비판을 가하고 있다. 대표적인 인물이 우에다아키나리上田秋成다. 그는 말차를 하나의 찻사발에 진하게 타 몇 사람이 돌려가며 마신다든가, 같은 수건으로 몇 개의 다완을 닦는 것은 불결하다고 지적했다. 또 엄청나게 비싼 다도구에 집착하는 점을 비꼬기도 했다. 센차도에서는 각자의 찻사발을 사용하거나 평범한 도구를 사용하며, 찻수건 사용 방법에도 차별을 두었다. 그래도 고가의 다도구에 대한 선호를 벗어날 수 없었다. 센차도는 기본적으로 중국을 동경하였기에 도구도 중국의 것을 좋아했지만, 막부幕府말에 일본에서 센차다도구로 높은 평가를 받은 장인으로 오쿠다에이센奧田穎川, 아오키모쿠베이青木木米, 에이라쿠호오젠永樂保全, 닌아미도하치仁阿弥道八 등이 있다.

300년에 가까운 에도시대가 끝나고, 메이지유신을 맞이하여 사회가 격변하자 다도도 영향을 피할 수 없었다. 여유로운 시대가 아니었고, 다도를 배우는 사람도 격감했다. 게다가 유흥적이라는 낙인이 찍혀 감찰까지 받아야 했다. 이에모토는 위기에 처했다. 이때 산센케 중 연장자였던 오모테센케의 겐겐사이玄々齋는 교토지사에게 다도는 유흥이 아니라 훌륭한 예능임을 호소하며 감찰을 재고해 달라고 청원하는 한편, 다도를 공교육으로 끌어들였으며, 책상과 의자 중심의 생활양식을 예상하고 의자에 앉아서 데마에를 하는 류레이立禮를 고안하는 등 현저한 노력을 했다.

덕분에 위기적인 상황은 벗어날 수 있었지만 다도는 새로운 국면을 맞이한다. 메이지유신을 계기로 급성장한 신흥재벌가들이 다도를 즐기게 되었다. 그들은 형편이 어려운 다이묘와 귀족들이 생활고 때문에 내놓은 미술품나 다도구를 고가로 매입하였다. 자택이나 별장에 차실을 운영하며, 매입한 다도구 소개를 겸한 차회를 자주 열었다. 그들을 근대 스키샤數寄者라 불렀는데, 도쿄의 와케이카이和敬會, 간사이關西의 죠엔카이篠園會, 스키샤와 미술 상인들이 주선한 고에쓰카이光悅會가 시작되었다.

그들 대부분은 다도의 데마에는 배워도 이에모토로부터 허가장을 받는 데는 무관심하였다. 이에모토로서는 다도가 다시 활성화가 되었다는 점은 고무적이었겠지만 곤혹스러운 점도 많았을 것이라 생각된다. 특히 미술품을 중개하는 미술상인의 존재가치가 커졌다는 점이다. 그들의 활약은 다도 역사에 있어서 한 획을 그었지만, '다도의 미학'이라는 관점에서 보면 혼란을 초래했다고도 할 수 있을 것이다.

메이지시대 초기의 위기적 상황을 가까스로 벗어난 이에모토는 다음 세대를 짊어지고 갈 젊은 사람들에게 다도를 확산시킬 필요가 있다고 생각하였다. 하지만 결과적으로 다도를 교육으로 받아들인 학교의 대부분이 여학교였다. 게다가 한때 다도가 신부수업의 필수조건으로 여겨져 여성비율이 급격히 높아졌다.

어쨌거나 20세기 후반은 숫자상으로는 다도 500년 역사상 가장 많은 사람이 다도를 배우고 즐겼던 시대였다. 또 해외로까지 영역을 넓히기도 한 시대였다.

이 책을 읽기 위한 보조 역할이 될 것도 같아 일본 다도茶道를 연구하는 학자로서 다도 역사를 간추려 보았다. 문화는 살아 움직이는 것이다. 짧지만 그걸 확인할 수 있을 것이다. 앞으로 일본의 다도가 흘러갈 방향을 가늠하기란 쉽지 않다. 하지만 50여 년간 다도와 함께 해 온 나에게는 21세기를 살아가는 일본 젊은이들이 아쉽고 불안하다. 다도가 지닌 미학마저 깡그리 사라질 것 같은 생각이 들기도 한다. 그래서일까, 다도의 변방에서 명맥을 이어온 일본 여러 지방의 차문화를 경험하는 일은 새로움보다는 애잔함과 걱정이 앞서는 일이었다.

나그네에게 차를 권하다
─사도우茶堂

고대 인류는 목적지가 어디라도 걸어가야 했을 것이다. 그랬다면 그들은 현대인보다 빠른 속도로 걸을 수 있는 능력을 갖추고 있었을 거란 생각이 든다. 어찌된 일인지는 몰라도 일본 전통시 하이쿠의 전설인 마쓰오바쇼松尾芭蕉는 빠른 걸음을 소유했던 사람으로 알려졌고, 급기야 '바쇼 닌자설'까지 제기되기도 했다. 닌자처럼 길 없는 길을 나는 듯이 걸었다는 것이다.

닌자는 그렇다 해도 보통 사람들은 어느 정도 걷고 나면 한숨 돌리고 싶어진다. 그런 때는 나무그늘이나 주막의 툇마루에 걸터앉아 흐르는 땀을 식히며 물이나 차를 마시며 피로를 푸는 법이다.

일본 시코쿠西國 서부에는 나그네가 잠시 쉬어 갈 수 있는 오두막 같은 건물을 길가에 마련하고, 마을에 사는 주민들이 차를 제공했다는 이야기가 전해온다. 토착민들이 '오사도우お茶堂'라 부르는 이 오두막은

지금도 남아 있으며, 어떤 곳에서는 옛날 그대로 차 대접을 하고 있다는 이야기를 들었다.

사도우는 주로 고지현高知縣과 에히메현愛媛縣에 걸쳐 남아 있는데, 특히 고지의 유스하라조檮原町에 많다고 하여 사도우를 찾아 나섰다. 2010년 겨울 어느 날, 고지에서 하룻밤을 묵고 유스하라를 향해 출발했다. 고지 자동차도로에서 국도 192호선으로 접어든 후 두 시간이면 충분하다는 정보는 가지고 있었다. 느긋하게 풍경을 즐기면서 달리던 것까지는 좋았는데, 쓰노조津野町에 들어갈 때부터 양상이 달라졌다.

길 양쪽에 눈이 언뜻언뜻 보이기 시작하더니 마침내는 온통 설국이 되고 말았다. 도로 전광판에 '유스하라 전 지역 타이어 체인 필요' 라는 경고가 불안을 가중시켰다. 겨울용 타이어도 아니었고 체인도 준비되어 있지 않았다. 낭패라고 생각하면서도, '갈 데까지는 가 보자' 는 마음을 굳혔다. 겨우 유스하라에 들어서긴 했지만 도로는 녹은 눈으로 곳곳이 질퍽거렸다. 바깥 공기는 2℃밖에 되지 않았다. 이 정도면 응달은 얼어붙을 우려도 있어 속도를 높일 수가 없었다.

노심초사 하며 기어가고 있는데 마침 공원 매점이 눈에 들어왔다. 휴식도 취하고 정보도 얻을 겸해서 매점으로 들어갔다. 미리 준비한 자료라고는 인터넷에서 출력한 극히 간단한 안내도밖에 없었다. 따뜻한 차를 파는 매점의 젊은 여성에게 물었다.

– 이 근처에 사도우가 있습니까?

– 네, 있습니다.

조금의 망설임도 없는 순순한 대답에 깜짝 놀랐다. 그렇게 쉽게 나올 줄은 몰랐다. 곧이어 손가락으로 가리켰다.

– 저기에 있는 작은 집이 사도우입니다.

복원한 사도우

　　너무 쉽게 풀리는 듯하여 오히려 맥이 빠지는 느낌이었다. 길 건너편
이었는데 한쪽에는 물레방아가 설치되어 있었다. 눈이 20㎝정도 쌓여
있었는데 눈이 내린 후에는 아무도 들른 적이 없는 듯 발자국이 없었다.
금세 눈이 구두 안으로 들어와 발이 시려오기 시작했다. 첫 만남이라 그
랬는지 다소 흥분했던 것 같다. 문이 잠겨 있어 안으로 들어갈 수는 없
지만 카메라 셔터를 쉬지 않고 눌렀다. 하지만 안내판을 읽고 나자 그런
행동이 오히려 머쓱하기도 했다. 이 건물이 사도우인 것은 틀림없지만
1986년에 복원했다는 것이었다. 조금 실망스러운 마음으로 매점에 돌아
와 여점원에게 다시 물었다.

사도우 내부 및 사도우 외형

- 근처에 보다 오래된 사도우는 없습니까?
- 저쪽 터널을 빠져나가 왼쪽으로 들어가면 있습니다.
- 차가 들어갈 수 있을까요?
- 네, 아주 좁긴 하지만요……
- 눈은 괜찮을까요?
- 아마, 글쎄……

포장은 되어 있었지만 눈이 많이 남아 있었다. 게다가 상당한 오르막 길이었다. 마주 오는 차가 있으면, 오르는 차가 후진하여 양보할 수밖에 없었다. 그렇게 하여 비탈길을 한참 올라가니 건물 하나가 나타났다. 한 눈에 보아도 사도우였다. 그것도 아주 오래된 듯한!

안내도에 있던 히가시조의 사도우인 게 분명했다. 지어진 시기는 명확하지는 않은 것 같은데, 기초 위에 기둥을 네 개 세우고, 나무판자로 마루를 만들고, 지붕을 씌웠을 뿐인 간단한 건물이었다. 마루의 넓이는 10㎡가 약했고 정면은 판자벽으로 처리했다. 그 왼쪽 적당한 높이에 선반을 만들어 다섯 개의 석불 같은 것을 모시고 있었다. 지붕은 띠로 두껍게 덮었고 천장은 없었다. 공원 옆에 복원된 사도우에는 밖에 긴 의자가 놓여 있었지만 여기에는 없었다.

이런 사도우가 1909년 유스하라 전역에 53동이었던 것이 지금은 13동에 불과하다고 한다. 원래는 마을 사람들이 돌아가면서 차 대접을 했다는데, 지금은 약 두 곳의 사도우에서만 포트와 찻잔을 구비해 놓고 셀프 서비스를 하고 있단다.

유스하라 사도우의 경우는 옛 문서에서 관련 기록을 찾을 수 있다. 1600년 이 곳의 영주가 무슨 이유인지 스스로 목숨을 끊었는데, 1604년 그의 영혼을 위로하기 위해 사도우를 세웠다는 것이다. 사도우에는 영주의 위패를 두거나, 홍법대사, 자안지장, 연명지장, 약사여래 등의 석상이나 목불을 안치했던 것 같은데, 무엇과 무엇을 어떻게 모시는지 정해진 것은 없으며 각각의 사도우마다 다른 것 같았다.

주로 여름철에 인근 마을에서 매일 한 집씩 당번을 정해 사도우에 다과를 올렸다. 차뿐만 아니라 콩자반, 떡, 경단, 매실 장아찌 같은 음식도 챙겨왔다. 마을의 안전과 무병장수를 기원하고, 지나가는 사람이 있으면 접대를 했다. 마을 사람들에게는 약간의 부담도 있었겠지만, 산골

오래된 사도우

마을에서 준비하는 작은 위안행사로써 그 의미가 있었을 것이다. 또 사도우는 마을이 훤히 내려다보이는 장소에 있었기 때문에 외부인의 침입을 감시하는 역할도 하지 않았을까 하는 해석도 있다.

사도우는 유수하라 지역에 한정되어 있었던 것이 아니라 고지현, 에히메현에 여러 곳 있었으며 현존하는 것도 적지 않다고 한다. 그러나 건물은 띠 지붕이 아닌 기와나 함석지붕으로 바뀐 것이 많아졌다고 한다.

유수하라에서는 사도우를 관광자원으로 지정했다. 공원 인근에서 처음 보았던 사도우도 그런 맥락에서 복원한 것으로 보이는데, 매년 5월 연휴 때부터 9월 말경까지 일요일과 경축일에 차 접대를 한다고 했다. 그곳에 비치한 방명록에는 그곳을 찾았던 사람들의 놀라움이나 격려의 이야기가 담겨 있었다.

오사도우お茶堂라는 이름은 차를 대접하는 곳이라는 의미에서 왔겠지만, 선종 사원과 사도우를 연관시키는 주장도 있다. 또 사도우는 추석을 중심으로 행한다는 데에 착안하여, 나그네에게 조상의 혼이 투영된 것으로 보고 대접했다는 설도 있다. 추석은 조상의 혼령에게 제사를 지내는 때이기 때문이다.

사도우는 어떤 종류의 차를 어떻게 타서 마셨는가 하는 차 이야기라기보다는 인간 사랑에 관한 것이었다. 특정한 목적을 가지지 않고, 대가를 바라지도 않고, 누구에게나 따뜻한 한 잔의 차와 한 조각의 떡을 권했던 미풍양속의 하나였다.

중세의 투차를 지금에 전하다
-시로쿠보白久保 오차코우お茶講

도쿄를 중심으로 한 간토關東지방 군마현群馬縣 북부에 나카노조마치 中之條町가 있고, 시로쿠보白久保는 그 안에 있는 마을 중 하나다. 도쿄 우에노에서 직통 특급으로 두 시간 밖에 걸리지 않지만, 그곳은 도시 이미지와 너무나 거리가 먼 산간 마을이다. 그래도 근처에 몇 개의 온천이 있어서 그런지 꽤 많은 사람들이 찾는다고 한다.

우리가 거기를 찾은 것은 온천이 아니라 오래 전부터 전해 온다는 '오차코우お茶講'를 보기 위해서다. 시로쿠보의 오차코우는 매년 2월 24일 밤에 열린다. 관계자에게 전화를 걸어보니 오후부터 준비가 시작되므로 오후 1시쯤에는 와 달라고 했다. JR나카노조 역 앞에서 점심을 소바로 때우고, 택시로 시로쿠보에 도착하니 1시가 되기 전이었다.

시로쿠보에는 '오차코우의 집お茶講の家'이라는 건물이 있었는데, 이미 마을 사람들과 취재하러 온 TV방송국 사람들로 꽤나 붐비고 있었다.

오차코우의 집

'조슈시로쿠보 오차코우上州白久保お茶講' 보존회의 야마다 씨와 인사를 갖고 오차코우에 대해 설명을 들었다. 다음은 그의 말과 몇 개의 해설서에 담겨 있는 것을 정리한 것이다.

'오차코우의 집' 근처에 덴만구天滿宮-스가와라 미치자네를 모시는 신사. 흔히 그를 덴진(天神: 천신)이라고 부르는 경우가 많다. 헤이안 시대의 귀족이며 학자인 미치자네가 죽은 후, 그를 기리는 신사를 지은 것에서 유래. 각 지역마다 덴만구가 있다-가 있고, 오차코우가 열리는 2월 24일에는 덴진天神 마쓰리의 전야제가 열린다. 왜 덴진 마쓰리 전야제에 오차코우가 열리게 되었는지는 잘 모르겠지만, 에도 시대 후기, 18세기 말에 열린 기록이 이곳에 남아 있다. 따라서 최소 200년 이상 지속되고 있으며, 현재는 국가 중요무형민속문화재로 지정되어 있다.

오차코우란 한마디로 말하면, 중세에 열렸던 투차의 형식이 거의 그대로 전해지고 있는 행사이다. 최근 아오모리나 센다이의 마쓰시마松島, 히로시마의 구사도센켄草戸千軒 등의 유적에서 투차에 사용된 나무패가 발견되면서 일본 각지에서 투차가 이루어졌음이 알려지게 되었다. 또한 정확한 연대는 모르지만 에도 시대 후기에 쓰인 〈다가신사(시가현 소재)연중행사多賀神社年中行事〉라는 옛 문서에서 '십종차(투차)十種茶(鬪茶)'가 정월 6일에 열렸다는 기록으로 보아도 이러한 행사가 전국적으로 이루어졌을 가능성이 있다. 그러나 민속행사로 지금도 계속되고 있는 것은 이 시로쿠보 뿐이다.

시로쿠보 지구는 얼마 전까지 18가구가 있었다고 하지만, 지금은 15가구만이 남아 매년 교대로 오차코우 당번을 맡고 있다. 그동안 1월에 열린 적도 있었지만 오래 전부터 2월에 고정되었다. 예전엔 당번 집에서 이루어졌지만 집들을 신축하면서 수십 명이 들어갈 수 있는 방이 사라졌고, 1986년 '오차코우의 집'을 세우게 되었다.

하지만 전통 가야부키 지붕을 얹은 당당한 '오차코우의 집'은 유지비용도 많이 들 뿐더러, 25년 정도가 지나면 교체를 해야 한다. 2년 전 지붕 교체에 들어간 비용이 1,700만 엔이었다고 하니 15가구에서 부담하기는 어려운 상황인 듯했다. 그때는 정부와 군마현을 설득해 그럭저럭 비용을 충당했지만 앞으로는 어떻게 될지 알 수 없다는 게 야마다 씨의 설명이었다.

드디어 준비가 시작됐다. 많은 사람이 분담해서 일을 진행하기에 반드시 여기에 소개하는 순서대로 이루어진 것은 아니다. 먼저 돌려 마시는 차를 만든다. 시로쿠보에서는 세 종류의 차, 떫은차와 감차, 진피를 준비한다. 떫은차는 보통의 잎차로 일반적인 찻집에서 구입한 것이다.

감차는 문자 그대로 달착 지근한 차로 니가타현新潟縣 구로히메黑姬의 것을 사용한다. 진피란 귤껍질을 건조시킨 것인데 집에서 먹는 귤껍질을 이용한다. 이들을 화덕에 걸린 쇠솥이나 냄비에 넣고 각각 볶는다. 볶는 이유는 건조시

진피 복기

켜 맷돌에 갈기 쉽도록 하기 위함일 것 같은데, 혹은 맛을 진하게 하는 의미가 있을지도 모른다.

이어 볶은 것들을 맷돌로 빻는다. 맷돌은 흔한 돌맷돌인데, 보통은 구멍에 나무 막대를 끼우고 그것을 누르면서 돌리는데, 여기에서는 나무 막대기를 쓰지 않고 구멍에 손가락을 넣고 돌렸다.

이렇게 완성된 세 가지 차를 사전에 정해진 배합율에 따라 네 개를 만든다. 하나는 '손님'으로 불리는 차인데 이것은 도코노마에 걸린 덴진 화상에게 올린다. 이 차는 감차가 4, 떫은차와 진피가 각각 1의 비율인데, 나중에 먹어 보았을 때 꽤 달콤함을 느꼈다.

나머지 세 종류는 '일차', '이차', '삼차'라 부르며, 떫은차, 감차, 진피를 각각 달리 배합하여 만든다. 이렇게 덴진에게 드리는 차 1포와 '손님' 차 2포, '일차', '이차', '삼차'를 각 3포씩 합계 12포가 만들어진다. 덴진에게 드리는 차와 '도요미'라고 불리는 시험차의 포장 위에는 '덴진', '일', '이', '삼'의 문자를 쓰지만, 마신 후 알아맞혀야 하는 차 포장에는 아무것도 쓰지 않고, 안쪽 끝에 작은 글씨로 무슨 차인지 기재한다.

이렇게 포장한 종이꾸러미를 덴진이라고 쓰인 것을 맨 위로 하여 쟁반에 얹어 도코노마에 갖다 두는 것으로 차 준비는 끝난다.

차가 만들어지는 동안 다른 사람들은 행등을 만든다. 높이 20cm 정도의 사각의 행등에 새 종이를 붙여 거기에 '오차코우', '연월일', '덴진님' 문자를 각 면에 써 넣고, 남은 면에는 각기 좋아하는 말을 쓴다.

'오차코우의 집' 앞에는 눈이 많이 쌓였는데, 그것을 양동이에 넣어 굳힌 뒤, 뒤집어 양동이를 뽑고 속을 파내어 집 앞에 늘어놓는다. 뒤에 보니 이것은 눈등롱을 만들기 위한 것이었다.

어떤 사람은 상품으로 줄 사탕을 준비하는데 7개의 용기에 나누어 넣었다. 알고 보니 모두 7번 마시고 알아맞히기 때문이었다. 각각 40개 정도 넣었으니 합하여 300개 가까운 사탕이 필요하다는 계산이다.

이것으로 준비는 거의 끝났고 정리와 청소를 하고 마을 사람들은 일단 각자의 집으로 돌아갔다. 그때가 3시 무렵이었는데 오차코우는 6시부터 시작된다고 한다. 취재하던 TV 촬영자들도 보이지 않았고, 딱히 할 일도 없어 근처를 어슬렁거리다가 5시 경에 돌아왔다. 아이들은 만들어 둔 눈등롱을 안고 나왔다. 이유를 물어보니 덴진이 덴만구에서 '오차코우의 집'까지 올 때, 불편함이 없도록 행등을 밝힌다는 것이다.

올해의 축제 전야제는 날씨마저 축복해 주었는데, 주위 설경과 푸른 하늘이 기막힌 조화를 이루었다. 해가 지고 어두워지면서 눈등롱이나 곳곳에 놓인 나무 행등에 촛불이 켜지자 환상적인 야경을 만들어냈다. 그때쯤 마을 사람들이 삼삼오오 모이고, 나카노조의 문화재 관계자와 보도진이 가세해 북적거리기 시작했다.

오차코우 참가자들은 방 한가운데 있는 화로를 에워싸듯 둘러앉았다. 서기가 참가자의 이름을 확인하며 올해의 기록장에 이름을 기입하고 나갔다. 기록장에는 꽃·새·바람·달로부터, 금·은·구리·돈이라든가 혹은 쌀·보리·무·메밀 등 수확하는 농산물 이름을 번호 대신에 각 행의 제일 위에 기재하고, 그 아래에 오늘의 회답, 가장 밑에 이름을 기재하는 방식이었다. 이것은 에도 시대 말기의 기록과 일치했다.

마침내 당번을 맡은 사람이 개회를 선언하면 화로와 객실에 소금을 뿌리고, 모두 도코노마의 덴진상에 한 번 예를 표하고 두 번 박수치는 의식을 행한다. 오차코우가 신에게 제사를 지내는 일이기 때문에 13세 이상의 여성은 안에 들어올 수 없다. 따라서 이 마을에서 태어난 여성은 어린 시절에 오차코우를 체험할 수 있어도, 이곳으로 시집 온 여자는 절대 경험할 수 없는 것이다.

어쨌든 오차코우가 시작되었는데 나도 특별히 참가 허락을 받아서 '무' 아래 이름이 기록되었다. 이 기록장은 영구 보존될 테니 내 이름도 여기에 영구히 남는 영예를 가진 것이다.

먼저 당번이 도코노마에 놓인 차 종이꾸러미를 얹은 쟁반을 내려놓고, 맨 먼저 덴진의 차를 탄다. '차를 탄다'는 것은 말차처럼 물과 차를 섞는 것인데 찻솔을 사용하지 않는다. 어떤 식이냐 하면, 주둥이가 옴팍한 큰 주발에 종이꾸러미에 들어 있는 차를 쏟고, 화로에 걸린 주전자의 끓는 물을 붓는다. 그와 동시에 두 개의 긴 젓가락 같은 것으로 섞는다. 젓고 나면 곧바로 크

차를 타는 모습

기가 같은 잔에 나눈다.

처음은 도코노마에 걸린 덴진화상에게 올리며, 다음으로 '꽃' 참가자부터 차례로 건너간다. 하나의 찻잔으로 4, 5명이 마시니까 만약 30명 정도가 참가했다면, 일곱 잔이나 여덟 잔이면 충분하다. 그 의미는 이랬다. 덴진에게 바친 차를 참가자가 받게 되고, 그는 또 하사받은 차를 다른 사람과 나눈다는 뜻이다.

이어 시험적으로 마셔 보는 순서다. '일차' 부터 차례로 '손님' 의 차까지 네 번을 마시고 각각의 맛을 혀로 기억해야 한다. 중세의 투차에서는 '손님' 의 차를 시험차에서는 마시지 않았지만, 여기에서는 '손님' 의 차도 시험차로 마시는 것이 달랐다.

찻잔 속의 차는 말차처럼 곱게 섞이지도 않았고, 입자도 거칠기 때문에 바닥 쪽으로 차 입자가 가라앉아 있었다. 마신 차가 무엇인지 색이나 냄새로는 거의 판별할 수 없고, 단지 달콤함의 정도가 판별의 기준이 되기 때문에, '일차는 깔끔한 맛, 이차는 약간 떫은맛이 남은 맛……' 등 각 개인의 미각으로 기억해 두어야 한다.

이제 남은 것은 차를 마시고 알아맞혀야 하는 실전이다. 참가자에게는 '사사라 종이' 라는 것이 전해지는데, 아래에 일, 이, 삼의 숫자가 두 개씩 그리고 '손님' 이란 문자가 쓰여 있다. 앞으로 '일차', '이차', '삼차' 를 각각 두 번씩, '손님' 의 차를 한 번, 총 7번 차를 마시면서 그게 무슨 차인지를 알아맞혀야 하는 것이다.

처음에 온 차는 꽤 단맛이 강해 '손님' 으로 판단하고 기록계에게 알렸다. 기록계가 참가자 각각의 응답을 기록장에 올리고 나자, 당번이 화로 가장자리에 세워져 있는 나무에 꽂아 놓은 종이를 들고 그 끝에 조그맣게 적힌 차 종류를 알려주었다. 나는 처음에 나온 차인 '손님' 을 알아맞

덴진에게 배례

혔다. 이것은 단맛이 강해 쉽게 알 수 있었는지 맞힌 사람이 20여 명이나 되었다. 계산원이 용기에 든 사탕의 수를 맞힌 사람의 수로 나눈 후, 각자에게 배분하는 사탕 수를 결정했다. 첫 회는 맞힌 사람이 많았기에 특별 서비스까지 포함해 한 사람당 3개가 배분되어 나도 3개의 사탕을 받았다.

다음은 조금 쓴맛이 강하다고 느꼈기 때문 '이차'로 답했다. 나는 이것도 맞히었는데, 맞힌 사람이 적었기 때문이 배분된 사탕이 10개가 넘었다. 그 다음은 살짝 단맛이 입 안에 남는 것 같아 '삼차'로 답을 했는데 이것도 적중했다. 이때도 받은 사탕이 상당히 많았다.

이렇게 회마다 답을 말하고, 정답을 발표하고, 맞힌 사람에게 사탕을 배분하는데, 나는 5번째까지 모두 명중시켰다. 이 상태로 간다면 퍼펙트도 꿈이 아닐 것이라며, 어린아이처럼 가슴이 뛰었다. 하지만 아쉽게도 6, 7번째는 과녁을 빗나가고 말았다.

7번 모두를 맞힌 사람은 이름이 적힌 기록장에 꽃문양 동그라미가 그려진다. 반대로 하나도 맞히지 못한 사람의 경우에는 꽃이 달린 가지가 거꾸로 그려진다. 이렇게 정답 수에 따라 부르는 이름이 달라지고, 거기에 따라 그림이 그려진다. 덧붙이자면, 이번에는 7번 모두 맞힌 사람은 없었고, 반대로 모두 틀린 사람이 둘 있었다. 전해 오는 풍속에 의하면, 모두 맞힌 사람이나 모두 틀린 사람이 많으면 그 해는 풍년이 든다고 한다. 그해는 과연 어떠했을까.

7시 경에 폐회를 선언했다. 특별 배려로 참여시켜 준 덕분에 나는 매우 즐거운 시간을 보냈지만, 정작 오차코우를 지탱하는 시로쿠보 사람들은 점점 힘들어 질 것이란 생각이 들었다. 지금 아이가 없는 집도 있다 하니, 그런 집은 곧 인연이 끊어질 것이다. 가구가 날로 줄고 있는 시로쿠보, 머지않아 10가구 아래로 내려갈 가능성이 있다는 말도 현실감 있게 다가왔다. 그때도 이 정겹고 아름다운 오차코우가 이어질 수 있을까. 아쉽고 불안한 마음을 안고 야마다 씨와 신세를 진 마을 사람들과 이별을 했다.

후발효차의 명맥을 잇다
―고지高知 오토요조大豊町, 고이시차碁石茶

외국인이 일본 사람에게 질문을 던진다고 가정하자.

― 일본에는 어떤 차가 있습니까?

― 센차, 말차, 반차番茶―녹차의 일종으로 센차와 만드는 법은 거의 같지만 재료를 여름 이후 성장한 잎을 사용한다― 그리고 옥로차―제법으로는 센차의 일종인데 재배 방법이 특징적이다. 즉 찻잎을 생산하기 적어도 2주 전에 햇빛을 차단하여 아미노산 성분을 늘리고 카테킨 성분을 줄인 차―가 아닐까요?

십중팔구는 이렇게 대답하지 않을까 싶다. 그것들이 일본에서 가장 많이 마시고 있는 차인 것은 분명하다. 차는 마시는 방법이나 제조 과정에 따라 혹은 색깔이나 맛에 따라 매우 다양하다.

차는 종류에 따라 검은색, 흰색, 초록색, 갈색, 붉은색 등 여러 색깔로 나타나며, 제조법에 따라서는 무발효차, 반발효차, 발효차 등으로 분류하기도 한다. 혹은 마시는 방법에 따라 끓이는 차, 혼합하는 차, 우려내는 차로 나눈다. 차 생산자들 사이에서는 혼합하는 차인 말차에 사용하는 고급차를 덴차碾茶라 부르기도 한다. 이렇게 차의 분류는 참으로 까다로운데, 제조법에 따른 분류로 후발효차라는 것도 있다. 그것은 중국 남부나 동남아시아에만 있는 것으로 알고 있었는데, 일본에도 후발효차를 생산하는 곳이 있다는 놀라운 말을 듣고 즉시 그곳을 찾아갔다.

시코쿠 고지현 오토요조였다. 요시노 강 상류에서 중류에 걸쳐있는 지역인데, 고지시에서 그리 멀지 않은 산간 마을이다. 거기서 생산하는 차를 고이시차碁石茶라 부른다. 2010년 경, 고이시차 생산조합 사무국의 오이시 마사오大石雅夫 씨를 찾았다.

'오토요조 지역재생담당 과장 보좌'

그의 명함에 박혀 있는 위엄 있는(?) 직함이었다. 하지만,

'오토요의 고이시차' / '본고장 중의 본고장'

앞의 것보다 갑절이나 크게 새긴 문구들이 먼저 눈에 들어왔다. 알고 보니 명함에 그들의 바람과 의지를 담아두고 있었다.

오이시 씨는 생산조합 사무실에만 근무하면서 오직 고이시차 보급에 전념한다고 했다. 그가 고이시차에 대해 설명을 해 주었다. 다음은 오이시 씨에게서 들었던 것에다 농림수산성이 2007년에 실시한 '도시재생 프로젝트 추진조사위탁 사업'의 보고서와 약간의 팸플릿을 참고한 내용이다.

오토요조는 요시노 강변에 위치한 조용하고 아름다운 경치를 가진 주위 네 개의 마을을 합병해서 만들어졌는데, 당시 인구는 2만 명을 훨씬 넘었다. 하지만 지금은 인구 오천 명 선으로 떨어졌으며, 요즘 많이 쓰이는 소위 '한계취락限界集落-인구가 급격하게 줄어들어 지역사회 기능이 떨어진데다가 인구의 50% 이상이 65세 이상이라 사회공동기능이 어려운 지역을 가리키는 일본

특유의 용어-'이다. 한계취락이란 그곳에 사는 사람이 없어질 가능성이 높은, 혹은 공동체로서 기능을 유지하기 어려워지는 지역을 표현하는 말인데, 오토요조에 처음 적용된 말이라 했다. 그러니만큼 이곳에서는 '지역재생'에 사활을 걸고 있으며, 오이시 씨는 그 부서에서 일하고 있다고 했다.

오토요조는 재생을 위한 동력의 하나로 고이시차에 주목했다. 고이시차는 19세기가 피크였는데 연간 100t가량을 생산했다. 그러던 것이 1983년에는 생산 농가가 한 집밖에 남지 않았고, 생산량도 150kg까지 떨어져 버렸다. 고이시차는 원래부터 주된 소비자가 현지인이 아니었고, 특이하게도 세토우치의 섬사람들이 최대 고객이었다. 이유는 물에 있었다. 세토우치 섬들의 우물물에는 소량의 염분이 함유되어 보통의 센차는 차맛이 제대로 나지 않는다. 그런데 고이시차는 염분이 있어도 그것과 잘 어울리는 특징이 있다. 특히 차를 우려낸 물로 끓이는 죽인 차가유茶粥는 오히려 우물물의 짠맛이 궁합이 맞았다. 하지만 간이수도의 보급과 함께 고이시차 소비는 급격하게 떨어졌고, 사람들의 관심은 일반적인 센차로 넘어 갔다. 차생산량이 급감했고, 지역 사회마저 존폐의 기로에 서게 되었다는 것이다.

찻잎 따기

오토요조는 전통의 고이시차가 사라지는 것을 막기 위해 농민들을 적극적으로 설득했다. 그 결과 생산 농가는 일곱 집으로 늘어났고, 2009년도에는 생산량을 4t까지 회복할 수 있었다. 생산량을 더욱 늘리고 단순한 특산물로서가 아니라 핵심 산업으로 키우고 싶다는 간절함은 있었지만, 안타깝게도 전망은 밝아 보이지 않았다. 고이시차는 중노동을 요구하기 때문에 농가들이 쉽게 받아들이지 않는데다가, 현금 수입도 그만큼 기대할 수 없는 상황이기 때문이다.

고이시차는 원래 논두렁이나 밭두렁에 심었던 산차山茶로 만들었지만, 지금은 일반적인 차 품종인 야부키타 종을 재배해, 8할 정도의 야부키타에 2할 정도의 산차를 섞어 만들고 있다. 찻잎을 따서 찌는 것은 센차 등과 제조법이 같지만 고이시차는 그 후에 건조시키지 않는다. 찻잎에 붙은 꼭지 등만 가려내고 그대로 묵혀 두면 자연스럽게 곰팡이가 생겨난다. 이 작업을 하는 시기가 장마철인데다가 이곳은 비가 많고 습기가 많은 기후이기 때문에 이런 제조법이 생겨난 것 같았다.

곰팡이가 생기면 찻잎을 큰 단지 속에 넣어 누름돌을 올려놓고, 3주 정도 두면 자연스럽게 젖산 발효가 일어난다. 이 과정이 우롱차나 홍차

찻잎 찌기와 발효

의 발효와 다르기 때문에 고이시차를 보이차와 같은 '후발효차' 로 분류
하는 이유이다.

발효가 진행되면 가스가 발생하여 누름돌이 솟아오르지만, 시간이 지
나면 가스가 빠져 나가 다시 누름돌이 내려간다. 그때가 찻잎을 꺼내는
시점이 된다. 이때 겹겹으로 붙어 있는 대로 꺼내 사방 30cm 정도의 블
록에 놓고 큰 칼로 자른다. 이것을 다시 사방 3cm 정도로 잘게 썰어 날
씨가 맑은 날 마당에 멍석을 깔고 말리면 고이시차가 완성된다.

고이시차의 효능에 대해서 물어보았더니, 약사법 상 제약이 있어 광
고 문구로는 못 쓰지만, 옛날부터 전해지는 바로는 변비에 좋고, 감염증
예방이나 혈압을 낮춰 주며, 섭취한 지방을 분해하는 등의 효능이 있다
고 했다.

고이시차의 맛은 보통의 센차나 반차와는 달리 약간의 신맛이 나는데, 설문조사 결과를 보면, 나이든 여성은 그 맛을 싫어하는 사람이 다소 많았지만, 의외로 젊은 여성들은 부담 없이 받아들이는 경향이 있었다고 한다.

어쨌든 고이시차 보급에 가장 큰 문제는 가격이다. 앞서 말한 여러 가지 효능이 실제로 있다 해도 50g에 3000엔은 부담스런 가격이다. 오이시 씨는 이 정도라도 채산성이 빠듯하다고 했지만, 보급을 확대하기 위해서는 큰 걸림돌인 가격을 낮추지 않으면 안 될 것 같았다. 획기적인 개선이 필요한 듯했다. 일본에서도 특이한 후발효차라는 고이시차, 이것이 하나 둘씩 사라져가는 전통문화 목록에 오르지 않길 간절히 바라면서 오토요조를 떠났다.

다도茶道가 아니라도 괜찮아
– 도야마富山 히루타니蛭谷의 바타바타차バタバタ茶

고지현 오토요조의 고이시碁石茶차를 소개했지만, 일본에는 고이시차와 같이 찻잎을 찐 후에 발효시키는 '후발효차'가 또 있었다. 도야마현 히루타니였다.

히루타니는 도야마현의 동쪽 끝, 니가타현新潟縣과 접한 아사히조朝日町에 있는 산간 마을이다. 2011년 어느날, 바타바타バタバタ차 보급에 힘을 쏟고 있다는 히라키도시아키平木利明 씨를 찾아 그의 근무처인 아사히조 상공회를 방문했다. 언뜻 보기엔 까다롭게 보이는 히라키 씨였지만, 이야기를 시작하니 다정다감한 인품이 곧 드러났다. 명함을 교환하면서 말을 건넸다.

– 바타바타차에 대해 들은 적이 있습니다.

– 그렇습니까? 지금 선생님이 마시고 있는 것이 바타바타차입니다.

금방 여직원이 반차와 비슷한 색을 가진 차를 갖다 주었을 때, 무심코 마셨지만 시원하면서도 감치는 맛이 있다고 생각했었다.

– 그것은 조금 엷게 타서 식힌 것입니다.

그 말을 듣고 '이게 바타바타차구나' 생각하면서 천천히 마셔보았다. 맛과 향에 특별한 거부감이 없었고, 약간 식었기는 하지만 꽤 끌리는 차였다. 센차 같은 자극이 없었다.

– 현지 사람들은 이것을 진하고 뜨겁게 마십니다.

히라키 씨는 바타바타차에 대해 여러 가지를 들려주었고, 현지 바타바타차 연구가인 기요하라다메요시淸原爲芳 씨가 집필한 책, 《불교민속 바타바타차》까지 챙겨 주었다.

– 그럼 비루단에 가 봅시다.

분명히 지도에는 '히루타니'라고 되어 있는데, 히라키씨는 '비루단'으로 발음하고 있었다. 히루타니 지구는 상공회에서 자동차로 10분 정도 거리에 있는 산골 마을인데 현재 100호도 안된다고 했다. 도로 곳곳에 제설 장치가 있는 것으로 보아 겨울에는 눈이 많이 내리는 곳 같았다. 도로에서 조금 들어간 곳에 '바타바타차 전승관'이 있었는데, 우리가 찾아갔을 때 두 여자가 바타바타차를 마시고 있었다. 이 시간이 되면 사람

내부의 풍경, 차와 음식

들이 모인다고 한다.

– 우선 차를 마셔 보세요.

앉자마자 바타바타차를 권했다. 사람들이 모여 있는 곳은 길쭉한 방에 기다란 테이블이 놓여 있으며, 양쪽은 '호리고다쓰' 식으로 발을 테이블 밑으로 늘어뜨리고 걸터앉게 되어 있었다. 이유는 정좌하기가 힘든 노인들이 많기 때문이란다.

테이블 위에는 전열기가 있고 그 위에 큰 알루미늄 냄비가 있었다. 냄비 안에는 검은색을 띤 차가 펄펄 끓고 있었고, 찻잎이 들어 있는 주머니가 잠겨 있다. 본래는 화로에 거는 쇠냄비를 사용한다고 했지만, 안전이나 편리성 때문인지 전열기를 사용하고 있었다. 차를 떠내는 것은 직접 만든 국자였다. 그것은 어디서나 볼 수 있는 금속제 국자에 길쭉한 대나무 손잡이를 단 것이었다. 국자로 퍼낸 차는 작은 찻사발에 담은 후 찻솔로 휘저었다. 찻솔은 말차를 탈 때 사용하는 것과 달랐다. 정교하지도 못하고 거칠고 성긴 찻솔 두 개를 나란히 묶었는데, 숱은 말차의 것보다 상당히 적고 손잡이는 길었다.

찻솔을 약간 뜨게 하여 빠르게 흔들 때, 찻잔의 가장자리에 닿기 때문에 가타가타 하는 소리가 난다. 바타바타차는 이렇게 차를 탈 때 나는 소리 때문에 생긴 이름이라는데, 처음부터 그렇게 부른 것은 아니라고 했다.

거품이 많이 일어야 맛있다고 하는데, 오늘 나온 차는 말하자면 생맥주처럼 절반 정도는 거품이었다.

– 쓰케모노든 조림이든 즐기는 음식을 먹을 때, 함께 마시면 아주 좋은 차입니다.

하면서 채소조림도 갖다 주었다. 담백한 맛을 내는 무, 당근 조림을

바타바타차

맛있게 먹고 난 후, 이 차를 마시니 약간 쓴맛이 우러났다. 그러고 보니 상공회에서 마신 차는 상당히 엷게 탔다는 것을 느낄 수 있었다.

－또 한 잔 하시겠습니까?

－좋습니다. 이번에는 제가 직접 해 보고 싶습니다.

흔쾌히 찻솔을 건네주었다. 눈으로 한 번 보고 시도를 했으니 제대로 될 리가 없었다. 금방 찻잔 속의 차가 넘쳐흘렀다. 말차의 찻솔 사용법과는 달랐다. 현지인들이 하는 것을 자세히 관찰해 보니, 막대기의 윗부분을 잡고 좌우로 흔드는데, 다완의 가장자리에서 흔드는 소리가 나게 된다. 사실은 무릎 위에서 하는 것이 제일 좋다고 하는데, 내가 그렇게 했다가는 바지를 새까맣게 물들일 것 같았다. 그래도 계속 하다 보니 그럭저럭 모양새를 갖추는지 '좋아요, 좋아' 라는 칭찬이 쏟아졌지만, 듣기

좋으라고 하는 소리라는 걸 모를 리 없었다.

차를 마시다 보니 어느덧 모인 사람이 7, 8명이나 되었다. 모두가 여성이어서 물었더니, 남자들은 거의 오지 않는다는 대답이었다.

– 역시 이 차에는 소금을 넣어야 제 맛이 나지요

좀 늦게 참석한 어떤 사람이 소금을 조금 첨가하고 차를 탔다. 나도 흉내를 내어 소금을 넣었더니 풍미가 더한 것 같은 기분이 들었다. 고지현의 고이시차 최대 소비지는 우물물에 염분이 섞인 세토우치의 섬들이었다는 이야기도 떠올랐다. 하지만 최근에는 염분 과잉 섭취를 꺼려하기 때문에 그런 방식은 점차 사라지고 있다고 했다.

이렇게 함께 차를 마시고 있으면 머리가 맑아지고, 감기마저도 달아난다는 등 이야기꽃을 피우던 중 한 사람이 이렇게 말했다.

– 센노리큐千利休 선생은, 진정한 차는 다도구에 구애됨이 없어야 하며, 예의 작법에도 연연해 않는 것이라 했다더군요. 그렇게 보면 바타바타차야말로 리큐 선생이 말한 차에 가까운 것이 아닐까요?

과연 틀린 말이 아니었다. 격식에 맞추어 엄격하게 진행되는 다도茶道와는 다르지만, 이렇게 날줄과 씨줄처럼 얽혀 소통하는 인간관계를 짜는 것이 차의 중요한 역할일 지도 모른다는 생각이 스쳤다.

원래 이 흑차는 도야마가 아니라 후쿠이현福井縣 미카다조三方町에서 생산하고 있었다. 1976년 생산이 중지되자 이듬해 도야마현 고스기조小杉町의 하기와라 아키노부萩原昭信 씨가 그것을 이어 받았다. 그로부터 30년 후, 하기와라 씨마저 그만둘 처지에 놓이게 되었다. 그렇게 되었다면 바타바타차는 맥이 끊겼을 것이다. 히라키 씨는 절박한 마음으로 생산 도구 일체를 넘겨받아 차를 생산하기 시작했다고 한다. 3년에 걸친 시행착오 끝에 겨우 안정된 품질의 흑차를 생산할 수 있게 되었다는 것이다.

흑차는 한여름에
만들기 때문에 무척
힘들지만, 그들은
정겨운 인간관계를
만들어 주는 아름다
운 문화를 잇기 위
해 노력하고 있었
다. 바타바타차 모

바타바타차 전승관

임을 각 개인의 집에서 이어가기가 어려워지자 2010년 4월 복권 협회에
서 자금 지원을 받아 이 전승관을 개관했다고 한다. 이곳에선 매주 월,
수, 금, 토 오전 10시~오후 3시까지 차를 한다. 마을 사람들이 교대로 나
와 다사茶事를 하고 있었는데, 단순한 인간적 의리 때문이라든가 자원봉
사로 하고 있다는 느낌보다는 오히려 각 가정에서 하던 그대로의 분위기
가 깔려있었다.

어쨌든 흑차가 왜 호쿠리쿠北陸-일본 혼슈 중부지방 중 서쪽바다에 접한 니가
타, 도야마, 이시카와, 후쿠이 네 개의 현-나 여기 히루타니에 남게 되었는지,
그 유래나 역사를 정확하게 알 수는 없는 것 같았다. 혹시, 흑차가 종교
와 결합한 것이 정착 요인의 하나가 아니었을까 생각해 보았다.

호쿠리쿠는 정토진종이 제대로 뿌리내린 땅으로 알려져 있고, 히루타
니 지구에서는 매월 몇몇 불교 행사가 열리며, 각 가정에서는 가족이나
조상의 제사도 제대로 지키고 있었다. 그러한 행사 때 각각의 집에 이웃
사람들이 사발과 찻솔을 가지고 모여 흑차를 마시고, 쓰케모노나 산나
물 무침 등을 먹었다. 집집마다 화로가 있었고 그 주위에 모여 앉아 차를

마시며 종교적인 이야기뿐만 아니라 세상 돌아가는 이야기를 나누었을 것이다.

최근에는 화로가 있는 집이 적고, 그 같은 종교행사도 차츰 줄어들고 있다. 물론 완전히 쇠퇴해 버린 것은 아니지만, 세월이 흐르고 생활방식이 변하면 그에 따라 문화도 풍화하는 것은 불가피한 일이다. 앞서 보았던 군마현 시로쿠보 지구의 오차코우도 원래 종교 행사였던 것이 그 의미가 희미해지고 있지 않았는가. 더욱이 개인이나 마을 단위로 그것을 계승해 가는 것이 어려워져 '오차코우의 집'을 세우지 않았는가.

이 전승관 건립도 그런 맥락으로 보아야 할 것 같았다. 원래는 종교행사였다고 하더라도 현실에서는 민속 행사로 이어지는 것이다. 문화라는 넓은 의미에서 바타바타차를 유지하기 위한 좋은 방안이었다고 생각한다.

전승관에서는 마침 우리가 방문했을 때 흑차를 만드는 중이었다. 과정은 간단하게 이렇다. 채취한 찻잎을 씻어 솥에 찐 다음, 곰팡이가 생길 때까지 방에 둔다. 발효가 되면 마지막으로 햇볕에 건조시킨다. 이런 과정은 고지현의 고이시차와 거의 같았다. 고이시차는 야부키타 종에다 산차를 혼합하여 만든다. 이곳 흑차는 전부 야부기타 종을 사용하는데, 두 번째나 세 번째 채취한 잎을 사용한다. 흑차는 상등품 찻잎보다는 반차처럼 하등품의 찻잎이 오히려 좋은 품질이 되기 때문이란다.

고이시차뿐만 아니라 바타바타차도 지역에서 오랜 연륜으로 이어오는 차문화였다. 호기심과 궁금함으로 찾았지만 돌아가는 길은 발걸음이 무겁다. 하나의 문화가 생겨났다 사라지는 것은 자연스런 이치일 것이다. 그래도 안쓰러운 것은 어찌할 수 없다.

류큐琉球의 전통을 지키다
─ 오키나와沖縄의 부쿠부쿠차ぶくぶく茶

보통 텔레비전에서 겨울 일기예보를 볼 때, 교토의 최저기온이 영하권이고 최고기온이 6, 7℃인 경우, 오키나와는 최저기온이 15℃, 최고기온이 20℃ 정도라 해도, '오키나와는 매우 따뜻한 지역이구나' 하는 정도로 막연히 생각해 왔다. 한데 텔레비전에서 들었다고 하더라도 직접 느껴보지 못하면 산지식이 될 수 없다는 것을 깨달았다.

2012년 겨울, 출발하기 전에 들은 오키나와 일기예보는 구름이 끼어 있으며 저녁부터 비가 온다는 거였다. 겨울채비는 단단히 하면서도 오키나와는 까맣게 잊었다. 나하那覇 공항에 내리고 나서야 그걸 깨달았다. 곧바로 코트를 벗어야 했던 건 당연했으며, 조끼마저 벗어도 더울 지경이었다.

'여기가 말로만 듣던 오키나와로군'

한바탕 꿈을 꾼 기분이었다.

택시를 타고 우라소에시浦添市로 가는데, 차창으로 보이는 풍경은 꽤나 이국적이었다. 공원 주변에 맹그로브 종류의 나무뿌리가 땅 위에 늘어진 모습이라든가, 거리에 늘어선 나무들은 본토에서 보던 것과는 전혀 다른 것들이었고 느낌도 달랐다. 눈에 띄는 하이비스커스, 부겐빌레아 꽃도 겨울을 잊게 해 주었지만, 벚나무는 벌써 드문드문 꽃망울을 터뜨리며 곧 만개를 앞두고 있었다.

30분 정도 걸린다는 '류큐琉球의 다도, 아케시노의 모임' 본부가 목적지였다. 거기는 나하시 북부에 인접한 우라소에시의 중앙인데 시청에서 자동차로 단 몇 분 거리였다. 택시에서 내리니 아주 오래된 듯한 민가 앞에 류큐의 전통 복장을 갖춘 한 부인이 상냥하게 인사를 하며 맞아주었다. 그 곳이 '아케시노의 모임' 본부였다.

이사장인 다나카지에코田中千惠子 선생과 인사를 나누고 이번 방문 목적에 대해 이야기를 나누었다. 다나카 선생은 온화한 미소가 인상적이었는데, 처음부터 끝까지 꼭 같은 모습을 보여 주었다.

– 겉으로 보는 것과는 달리, 웬만한 남자보다 대가 강하고 활동적이며 에너지가 넘치는 분입니다.

그날 자리를 같이 했던 회원이 내게 넌지시 했던 말이다.

– 자, 우선 차를 한 잔 하세요.

다시마와 벚꽃이 들어있는 작은 사발을 건네주었다. 한 모금 마셔 보니 입안이 개운해지는 기분이었다.

– 다시마도 드세요.

다시마는 매우 부드러웠으며 특유의 매끈한 맛으로 입안을 바다향기로 가득 채워 주었다. 이어 부쿠부쿠차에 대해 질문을 했다.

– 일단 한 번 드셔 보십시오.

차실 풍경

　다나카 선생이 방으로 안내했다. 차실은 일본 가옥과 마찬가지로 다다미가 깔려 있고 도코노마도 있었다. 도코노마에는 족자가 걸려 있었는데, 종이는 오키나와 특산물인 파초지였고, 표구는 파초로 짠 천으로 매우 정갈한 느낌을 주었다. 앞에는 탁자에 작은 향로가 놓여 있고, 왼쪽에 있는 사각 꽃병에는 벚꽃과 털머위가 꽂혀 있다. 오른쪽에는 오키나와 전통 현악기인 산신三線이 있다. 도코노마의 장식 기둥에는 벼 이삭을 희고 붉은 종이에 싸서 장식실로 묶어 걸어 놓았는데 열 개 가까이 되었다. 오키나와에서 소중히 하는 쌀과 관련된 문화가 아닌가 싶었다.

　다도茶道에서 말하는 데마에点前자리로 눈을 돌리니, 선반에는 향로라든가 작지만 물항아리로 보이는 도자기가 있었다. 오른쪽에는 류큐 칠기로 만든 합자, 가운데에는 커다란 목제 그릇, 왼쪽에는 말차 찻솔보다 커 보이는 찻솔과 보통 크기의 국자가 받침대에 놓여 있다. 옆 다다미에는 화로가 있었는데, 오키나와산으로 보이는 도자기 솥이 삼발이 위에 얹혀 있었다.

손님 자리에 앉으니 곧 과자를 가지고 왔다. 정주亭主-데마에를 행하여 차를 타는 사람-역할을 하는 여성이 들어왔다. 그녀의 손에는 다관急須이라 기보다는 주전자水次라고 할 만한 도자기가 들려 있었다. 그녀가 자리에 앉으면서 본격적인 의식이 시작되었다.

- 과자를 드십시오.

그 말에 따라 녹색의 과자를 먹었다. 조금만 힘을 줘도 부서질 듯이 부드러운 과자였다. 안에는 팥앙금이 들었는데 보기보다 달지 않아 내 입맛에 맞았다.

이어 데마에를 시작했다. 간단히 설명하면, 먼저 솥에 끓는 물을 큰 목제 그릇에 떠서 옮긴 후, 거기에 들고 온 주전자의 물을 섞었다. 큰 찻솔로 휘저어 거품을 일으킨 후, 합자 속에 들어 있던 작은 칠기 찻잔에 차를 떠서 옮겼다. 대기하고 있던 사람이 찻잔을 손님 앞으로 갖다 주었다.

앞에 놓인 찻잔을 보니 미세한 거품이 찻잔에 소복하게 부풀어 있었다. 권하는 대로 한 모금 마셔 보니 고소하고 향긋했다. 이유를 물어보았더니 현미를 볶아서 달여 넣었다는 것이었다. 부풀어 오른 거품이 많아 차를 모두 마시는 건 꽤 어려운 일이었다. 약간 남은 거품마저 다 마시고 나니 찻잔을 가져가 헹구고, 원래의 합자에 담는 것으로 데마에는 끝이 났다.

미리 제멋대로 그려보았던 그림과는 좀 다른 모습이었다. '아케시노

부쿠부쿠차 데마에와 부쿠부쿠차

의 모임'에서는 '류큐의 다도'를 이름에 붙였듯이, 부쿠부쿠차는 단순한 민속 행사나 그 지역 특유의 음료로서가 아니라 예로부터 전해 내려오는 오키나와의 전통 예능으로 자리매김 하고 있는 것으로 보였다.

2011년 독일의 뮌헨에서 열렸던 '일본의 축제'에도 다나카 선생을 비롯한 멤버들이 참가했는데, 그 팸플릿에 쓰인 이이나오히사井伊直久 회장의 인사말에도 부쿠부쿠차를 (류큐)왕조 시절부터 이어 온 오키나와 문화로 소개하고 있는 것으로도 그걸 증명할 수 있었다.

1719년 류큐국에서 중국 명나라의 책봉사를 대접했을 때, 부쿠부쿠차를 대접했다는 문헌 기록이 있는 것으로 보아 적어도 18세기에는 부쿠부쿠차가 있었다는 것이다.

– 부쿠부쿠차란 구체적으로 어떤 것입니까?

다나카 선생이 간단하게 설명해 주었다.

– 유기농 현미를 볶아서 달인 물과 미네랄 성분이 풍부한 자연수로 달인 차를 섞어 거품을 낸 것입니다.

미네랄워터를 사용한다는 것이 특이했다. 그렇다고 미네랄워터라면 어떤 것

원래 사용하던 미네랄워터 샘물

이든 사용한다는 것도 아니었다. 예전에는 본부 근처에 있는 약수를 이용했지만, 여러 가지 시험을 해 본 결과 프랑스산 콘토렉스라는 미네랄워터가 가장 좋은 것으로 나타나 지금은 그것을 사용한다는 것이다. 콘토렉스는 세계 어디서나 구할 수 있는 물이란 점도 한 몫을 한 것 같았다.

– 차는 어떤 차를 사용하고 있습니까?

– 상핑차さんぴん茶를 쓰고 있습니다.

– 어떤 차입니까?

생소한 이름이라 물어보았다. 우롱차의 일종인 재스민차인 듯 했다. 즉, 발효를 하지 않은 녹차나 완전 발효한 홍차가 아니고, 반발효차인 우롱차가 맞는 것 같았다. '상핑차' 란 오키나와에서의 브랜드 이름인데, 봉투에서 꺼낸 찻잎은 강한 재스민 향이 났고, 희고 가는 꽃잎도 섞여 있었다. 그러나 앞에 마신 부쿠부쿠차는 재스민 향을 전혀 느끼지 못했는데, 달이는 동안 향이 날아가 버린 것일까.

어쨌거나 물주전자에 들었던 우롱차와 솥에 들었던 현미차가 큰 목제 그릇에서 만나 완성된 것이었다. 그렇다고 우롱차면 어느 것이나 되는 것도 아니고, 물도 어느 것이나 되는 것이 아니었다. 각자가 가지고 있는

성질이 어우러져 미세하고 부드러우며 지속력 강한 거품과 특유의 맛을 내는 듯 했다. 앞서 본 차들처럼 거품을 내는 것도 중요한 기술임에 틀림 없었다. 큰 찻솔을 휘저어 고운 거품을 소복하게 올라오게 하기 위해서는 상당한 숙련이 필요할 것 같았다.

부쿠부쿠차는 원래 신에게 오곡 풍년을 기원하는 마음과, 수확의 감사와 기쁨을 담은 것이라 했다. 장식 기둥에 걸린 '벼이삭 장식'은 역시 예상한 대로였다. 도코노마에 놓인 향로에서 풍기는 향은 사람의 마음을 가라앉히기도 하지만 목에도 아주 좋다고 한다. 도코노마에 놓인 산신三線은 실제로 음악을 연주하기도 하지만, 문자 그대로 세 가닥의 줄이 팽팽하게 걸려 있는 것이 하늘·땅·사람이 하나라는 '삼체화합三体和合'을 상징한다고 한다.

다나카 선생은 부쿠부쿠차가 단순한 전통행사로서만이 아니라, 현재와 미래에, 또한 세계적으로 의미 있는 것으로 만들어야 한다고 강조했다. 그러기 위해서는 독자적인 이념을 갖추어야 한다며 '화경청관和敬淸寬'을 내세우고 있었다. 이것은 물론 다도茶道에서 말하는 '화경청적和敬靜寂'을 기본으로 한 것이지만, '고요'가 아닌 '너그러움'을 강조했다. 이것은 오키나와 고유의 정신문화를 강하게 의식하며, 사람들의 마음이나 몸 그리고 전 인류에게도 은은한 부쿠부쿠차의 모습이 배이기를 바라는 마음인 듯 했다.

차인가 요리인가
–마쓰에松江의 보테보테차ボテボテ茶

중국 당나라 시인 두목杜牧의 유명한 시 '강남의 봄'이다.

千里鶯啼綠映紅	천리에 꾀꼬리 울고, 푸른 잎에 꽃은 붉네
水村山郭酒旗風	강마을 산자락에 펄럭이는 주막 깃발
南朝四百八十寺	사백팔십 남조 옛 절에는
多少樓台煙雨中	하 많은 누각들이 는개에 희미하네.

이 시는 따뜻하고 절세의 풍광을 자랑하는 강남–양쯔강 남쪽–지방의 봄 정경을 읊은 것이다. 나는 그 중에서도 특히 두 번째 구절이 마음에 드는데, 그와 함께 떠오르는 그림이 있다. 목계牧溪의 그림 '원포귀범遠浦歸帆'이다. 그림의 왼쪽 아래에는 숲 속에 작은 집이 있고, 작은 깃발이 바람에 펄럭이는 모습이 그려져 있다. 그 집 앞에는 두 사람이 있는데, 한

찻집, 헤룬의 오솔길

사람은 지고 온 짐을 길가에 내려놓고, 술집 주인에게 술을 주문하는 것
처럼 보인다. 이 그림은 중국 내륙의 소상瀟湘 지역을 그렸기 때문에 강
남지방은 아니지만, 이러한 정경이 당시 중국에서는 각지에서 볼 수 있
던 것이다.

　왜 이 이야기를 첫머리에서 소개했는가 하면, 시마네현島根縣 마쓰에
의 보테보테차를 체험하기 위해 찾은 '헤룬의 오솔길へるんの小徑'이라는
찻집의 처마 끝에, 작은 깃발이 바람에 펄럭이고 있는 걸 보고, 두목의
시와 목계의 그림이 떠올랐기 때문이다. 중국의 술집 깃발은 파란 색이
었던 것 같지만, 그 찻집의 깃발의 색깔은 주홍이었다.

　보테보테차를 취재하기에 앞서 마쓰에시 관광협회에 문의했을 때,
'헤룬의 오솔길'을 추천해 주었다. 아담한 분위기를 지닌 이 찻집은 옛
마쓰에성 지역의 북서부에 있는데, 고이즈미야쿠모小泉八雲-그리스 출신 기

자. 본명 Patrick Lafcadio Hearn. 일본에 귀화하여 문학활동을 함. '헤룬'은 이 사람의 성을 일본식으로 발음한 것이다-가 살던 집에 가까운 곳이라 그렇게 이름을 붙인 것 같았다. 주인인 나가노다다시永野忠志 씨에게 내 의도를 밝히고 설명을 청했다.

– 설명보다는 먼저 드셔 보십시오.

주인은 보테보테차 세트를 테이블 위에 놓았다. 타원형의 작은 쟁반에 찻잔과 작은 접시가 있었는데, 찻잔에는 차가 담겨있고 작은 접시에는 몇 가지의 재료와 대나무로 만든 찻숟가락이 있었다. 앞에는 길쭉한 찻솔이 놓여 있었다.

– 찻잔에 들어 있는 차는 반차입니까?

– 그렇습니다. 자 한 번 타 보십시오.

고개를 끄덕이며 나에게 권했다. 얼떨결에 찻솔을 받아 흔들어 보았지만 좀처럼 잘 되지 않았다.

– 그럼 제가 해 볼까요?

찻솔을 건네자 나가노 씨는 군더더기 없는 멋진 솜씨로 찻솔을 흔들었는데, 곧바로 맥주처럼 거품이 일었다.

잘 되지 않았다는 것은 내가 서투른 것도 있겠지만, 찻솔을 쥐는 방법도 잘못되었던 것 같았다. 나는 말차를 탈 때처럼 세 손가락으로 찻솔을 잡고 주로 상하로 흔들었다. 보테보테차의 경우는 엄지와 집게손가락을 이용하는데, 잡는다기보다 손가락 사이에 끼워 좌우로 흔들었다. 찻잔 가장자리에 맞춰 찻솔을 흔들어야 했다. 찻솔은 말차의 그것보다 훨씬 길었는데, 도야마의 바타바타차의 찻솔과 비슷하다는 인상을 받았다.

어렵긴 했지만 차를 저어 거품을 낼 수 있었고, 작은 접시에 담긴 재료를 차에 집어넣으려 하자 처음에는 그대로 마시라고 했다. 거품이 일

보테보테차의 재료, 차 타기

어난 차를 한 모금 마셔보니, 처음엔 미미하지만 짠맛을 느꼈는데 점점 쓴맛이 입 안에 퍼졌다. 짠맛은 물론 소금 때문일 것이고, 쓴맛은 차 속에 들어 있는 차꽃에서 나온 것 같았다. 차꽃은 늦가을에 피는데 하얀 꽃을 따서 약 2주간 햇볕에 말린 후 볶아서 보존한다고 했다.

이어 두 번째 차를 탔다. 이번엔 대나무 숟가락으로 작은 접시에 담겨 있는 재료를 모두 차 안에 넣었다. 재료는 팥, 갓, 단무지, 검은콩 그리고 작은 떡이었다. 단풍나무 푸른 잎이 있었지만 그것은 장식인 듯 했다. 숟가락으로 찻잔 속을 휘저어 마셔 보니, 첨가한 재료들의 맛이 차례로 입 안에 펼쳐졌다. 그건 차라기보다는 요리라 하는 것이 맞지 않을까 하는 생각이 들었다.

보테보테차는 간식 대신 마신 것이라는 주인의 말에 저절로 고개를 끄덕일 수밖에 없었다. 그렇게 다 마셨다, 아니 다 먹었다고 해야 할까? 배가 꽤나 묵직한 느낌이 들었다. 보테보테차의 이름 유래 중 하나는 그것을 먹으면 속이 '묵직하게 되는 느낌(보테보테)' 때문이라는 설도 있다. 또 하나는 차를 탈 때 찻솔을 빠르게 흔들면 '보테보테' 소리가 나기 때문이라는 설도 있는데, 이것도 도야마의 바타바타차의 이름 유래와 비

찻잔

숫했다. 어느 것이나 수긍이 가
는 대목이었다.

　- 이 차는 언제부터 마시기 시
작했습니까?

　- 확실한 것은 알 수 없지만
마쓰다이라 하루사토松平治鄕-19
세기 영주. 세키슈류石州流를 배운 유명
한 차인이기도 했다. 후마이不昧라는 호
를 가졌는데 뒤에 후마이류不昧流를 창안 했다- 시대에는 있었던 것 같습니다.
마쓰다이라가 살았던 19세기에는 말차가 대단히 활발했지만, 너무 고급
스럽고 격식이 엄격했기에 무사라든가 부유한 사람이 아니면 마실 수가
없었습니다. 그때 서민들이 그에 상응하는 음료로서 만든 것이 아닐까
생각하고 있습니다.

　나가노 씨의 설명이었다. 보테보테차에는 말차 같은 엄격한 격식은
하나도 없다는 것이다. 오히려 '격식이 없는 것이 격식' 이며 차에 넣을
재료들도 정해진 것이 없다. 전날 밤에 먹고 남은 것도 전혀 문제될 것이
없으며, 아무튼 있는 음식을 넣으면 된다는 것이다. 차에 소금을 넣는다
거나 소금 절임을 섞는 것은 한때 광산에서 일하던 노동자들의 간식이기
도 했다는데, 땀을 많이 흘리는 속성상 염분 공급의 의미가 있었을 것이
다.

　최근에는 일반 가정에서 보테보테차를 마시는 경우는 거의 없는 듯
했다. 이곳에 올 때 탔던 택시 운전기사도 마신 적이 없다 했었고, 이곳
처럼 보테보테차를 메뉴에 넣고 있는 찻집도 마쓰에 시내에는 거의 없다
고 했다.

차를 마시며 이런저런 이야기를 듣고 물러갈까 하는데 나가노 씨가 덧붙였다.

– 보테보테차에 정통한 사람이 있는데, 그 사람을 한 번 만나 보는 것은 어떻습니까?

그의 말이 끝나기가 무섭게 부탁했다. 그는 후쿠다기미오福田公夫라는 사람인데, 사실 나가노 씨도 말로만 들었지 직접 만난 적이 없어 연락처도 모른다고 했다. 하지만 아는 사람을 통해 연락처를 알아 둘 테니 전화를 해 달라고 했다. 나중에 연락하기로 하고 '헤룬의 오솔길'을 나섰다.

찻집은 마쓰에 성 천수각 근처에 있었기 때문에 모처럼 천수각을 구경하기로 했다. 천수각은 이 지역에 처음 들어온 호리오요시하루堀尾吉晴가 고쿠라쿠지極樂寺가 있는 산에 쌓은 히라야마 성이다. 그 후 교고쿠京極를 거쳐 마쓰다이라가 들어왔고, 그 십대 째에 메이지유신을 맞이했다. 1875년 메이지유신 당시 많은 성들처럼 성곽은 해체되었지만 천수각 만큼은 현지 사람들의 강한 요청이 있어 그대로 남았다고 한다.

하루사토는 말할 필요조차 없이 유명한 인물인데, 다도茶道에서는 후마이不昧라는 호로 알려졌던 명인이다. 마쓰에에서는 평판이 매우 좋아 '후마이 씨不昧さん'이라 불리며 사람들에게 사랑 받고 있다. 그리하여 무슨 일이든지 '후마이 씨가 좋아한 것', '후마이 씨가 시작한 것' 등으로 귀결되어버리는 일이 허다하다. 혹시 보테보테차에 있어서도 후마이의 인기 때문에, '후마이시대에 시작된 것'으로 보는 것은 아닐까 하는 생각도 들었다.

천수각 뒤에 마쓰다이라 역대의 사당이 있는 겟쇼지月照寺에 들러 참배하고, 일단 호텔로 돌아와 후쿠다 씨와의 연락이 닿기를 기다렸다. 연락이 된 것은 저녁 무렵이었다. 후쿠다 씨 집은 마쓰에시 교외에 있었는데, 당당하고 위엄 있는 대문만 보아도 평범한 건물은 아니었다. 나중에 들은 이야기지만, 그의 선조는 유명한 오미近江의 사사키 가문 출신이라 했는데, 차실만 다섯 개나 있다고 했다. 우선 안내를 해 준 곳은 다다미 3조의 차실이었다. 곧장 과자가 나왔고 후쿠다 씨가 나타났다. 곧장 자신이 데마에를 시작 했다.

– 저는 데마에를 잘 모르기 때문에……

하면서 말차를 타 주었다. 그의 말대로 데마에라 하기보다는 '차를 타는 것' 이라고 말하는 편이 어울리는 호쾌하고 간결한 작법作法(?)이었다.

그로부터 보테보테차에 대해서 보다 많이 들을 수 있었다. 그는 데마에와 같이 말씀도 대단히 호쾌했으며 스케일도 커 보였다. 그의 이야기를 종합하면 이렇다.

보테보테차는 후마이시대보다 훨씬 오래 전부터 행해지고 있었다. 에도시대부터 메이지시대까지 일본 서쪽 해안을 따라서 운항하던 상선인 기타마에후네北前船가 들렀던 여러 지역에 보테보테차가 있었다고 한다. 분명히 마쓰에의 보테보테차와 도야마의 바타바타차에는 공통점이 많은데, 지금은 도야마에만 있는 바타바타차에 사용된 흑차도 원래는 후쿠이 현의 미쿠니미나토三國湊에서 전해진 것이라는 이야기를 도야마에서 들은 적이 있었다.

보테보테차는 적어도 20세기 중반까지는 마쓰에만 아니라 산인山陰－일본 혼슈 서부지방, 즉 서쪽 바다에 접해 있는 지역－ 일대에서 사원에서의 모임이나 지역의 집회 등에서 빈번히 마시고 있었다는 것이다. 이것도 바타바타차와 공통되는 것이었다.

결국 보테보테차의 유래에 대한 정확한 문헌 사료가 없어 잘은 모르겠지만, 또 구체적으로 누구로부터라고 할 수는 없지만 대충 에도시대 중반 정도부터 시작된 것이 아닌가 싶다.

바타바타차와의 공통점이 몇 개 보인다고는 하지만 결정적으로 다른 점은, 바타바타차가 '후발효차'인 흑차를 사용하는 것에 비해 보테보테 차는 보통의 반차를 사용하고 있는 것이다. 또 바타바타차는 소금을 치거나 쓰케모노나 절임음식과 함께 먹지만 차와 섞지는 않는다. 후쿠다 씨가 말한 것처럼 기타마에후네의 왕래에 의해서 표면적으로는 영향을 받을 수는 있지만, 어느 하나를 바탕으로 하여 다른 쪽으로 전파했다고 단정할 수는 없을 것 같았다.

차에 다른 재료를 섞어서 마시는 것으로는 중국 푸젠성의 레이차擂茶, 윈난성 바이족의 산다오차三道茶, 티베트의 버터차가 있긴 하지만 이곳 보테보테차와 연관 지을 수는 없을 듯 했다.

아무렇거나 보테보테차가 많이 쇠퇴하고 있는 현실을 생각하며, 지역에 뿌리를 둔 귀중한 차문화로서 보존되거나, 다시 예전처럼 생활 속에서 사랑받는 차로 부활하기를 바라면서 마쓰에를 떠났다.

차솥의 고향은 지금 1
- 규슈九州 아시야芦屋

아시야芦屋하면 보통 간사이關西의 부자들이 많이 살고 있는 일본 효고현兵庫縣 아시야시를 생각할 것이다. 여기서 말하고자 하는 아시야는 후쿠오카 현에 있는 아시야마치芦屋町이다. 오래전부터 차솥을 비롯한 금속기를 생산해 온 곳으로 유명하다.

아시야에는 비행장이 있는데, 제2차세계대전 후 한동안 미군 기지였으나, 일본에 반환되어 지금은 자위대가 사용하고 있다. 듣기로는 이곳 면적의 3분의 1을 기지가 차지하고 있다고 한다. 그럼에도 불구하고 이곳에서는 기지를 반대하는 목소리가 높지 않은데, 기지가 마을에 잘 녹아들어서 그런 것일까.

그야 어찌되었던 간에 아시야를 알게 된 것은, 기지의 존재 때문이 아니라 오래된 솥의 생산지라는 점 때문이다. 다도茶道에서는 덴묘솥天明釜

※ 다도에서 사용하는 다부茶釜는 '차가마'라고 해야 하지만 낯선 느낌이며, 용어가 정립 되지 않아 이후에는 '釜'을 편의상 '솥'으로 표기하기로 한다.

공방 모형도

과 아시야솥芦屋釜, 교솥京
釜을 3대 생산지로 친다.
양적으로는 교솥이나 뒤에
교토에서 에도로 옮겨간
솥장인들이 만든 에도솥이
많지만, 질적인 평가는 아
시야솥이 가장 높다. 중요
문화재 지정을 받은 아홉
개 중 여덟 개가 아시야솥

이라는 게 그걸 증명해 준다.

아시야는 온가가와遠賀川의 하구에 있는데, 기타규슈北九州시 와카마
쓰구와 야하타구에 접하고 히비키나다에 붙어 있다. 강변을 따라 안쪽
으로 들어가면 조금 높은 지대에 몇 개의 절이 나란히 서 있다. 그 중 하
나인 곤타이지金台寺에서 굽어볼 수 있는 곳에 솥을 생산하는 공방이 줄
지어 서 있다. 그 모습은 아시야 마치에서 운영하는 '아시야솥의 고향芦
屋釜の里'에 전시되고 있는 투시화를 보면 잘 알 수 있다.

'아시야솥의 고향'은 1995년 고향발전기금으로 세운 자료관이다. 20
년 정도의 시간이 흘렀는데, 아시야솥은 이 시설을 갖춘 덕분에 본격적
인 경쟁을 할 수 있었으며, 현재 착실하게 성과를 올리고 있는 것으로 평
가하고 있다.

개관 때부터 학예원으로 활동하고 있는 신고히데히로新郷英弘 씨로부
터 여러 가지 이야기를 들었다. 아시야는 헤이안시대부터 항구도시로서
번창했는데, 한때는 하카타보다도 번화한 도시였다고 한다. 아시야는
솥을 생산하는데 필요한 사철을 온가가와 강에서 쉽게 구할 수가 있었

아시야솥의 고향

고, 완성된 제품을 배를 이용해 전국으로 수송하기에 적당했다. 아시야가 처음부터 솥을 제작했던 것은 아니었고, 범종이나 금고金鼓－불당이나 신사의 앞 추녀에 걸어 놓은 방울－ 등 불교적인 도구가 먼저였다고 한다.

그러한 금속기를 생산하기 시작한 것은 13세기 정도로 보며, 솥을 제작하기 시작한 것은 14세기가 되어야 가능했을 것이라고 한다.

나는 그때까지 솥을 생산하기 위해서는 원료인 사철과 한국에서 건너온 기술이 필요했을 것이라고 막연하게 생각해 왔다. 덴묘든 아시야든

내부 모습

이런 조건을 갖추고 있다고 생각했다. 실제로는 그렇지 않았다. 차솥 생산이 시작될 무렵에는, 솥을 생산하기 위한 재료를 쉽게 구입할 수 있었고, 이미 각지에서 불구佛具나 무구武具를 생산하던 주물사들의 기술 집적도 있었던 것 같다.

온가가와 하구 지역에서는 지금도 사철을 쉽게 얻을 수 있다고 한다. 그때 안내를 해 준 아가노야끼上野燒의 도예가 야마오카데쓰잔山岡徹山-본명은 야마오카 도루. 일본 직인사회의 전통의 하나인데, 아버지로부터 업을 이어 받으면서 아버지의 이름으로 개명한다- 씨에 의하면, 아버지와 함께 자주 이곳에 와 큰 자석으로 끌어 괜찮은 철을 얻었고, 그것을 도자기 유약에 섞어 사용했다고 한다. 그러고 보니 어릴 적에 해변은 아니었지만 모래가 많은 땅에 U자형 자석에 끈을 달고 끌면, 쇳가루가 까맣게 달라붙는 것을 보고 신기해하던 것이 떠올랐다.

하지만 이 지역의 사철을 녹여 만든 선철로는 솥을 제대로 만들 수 없는데, 아시야솥 복원에 노력을 기울이고 있는 '아시야솥의 고향' 공방에서도 많은 어려움을 겪었다고 한다. '아시야솥의 고향'에서는 아시야솥의 성공 조건으로서, 화선和銑, 주물틀 만들기, 얇게 만들기 세 가지를 꼽았다.

먼저, 화선이라는 것은 일본에서 생산되는 사철을 제련해 만든 철광석인데, 수입 철광석으로는 좋은 솥이 나오기 어렵다고 한다. 단순하게 제련을 한다고 해서 되는 것이 아니었다. '아시야솥의 고향'에서는 검을 잘 만드는 이즈모出雲로 가서 전통적인 제련기술인 '다타라'를 배우고 나서야 비로소 양질의 철광석을 만들 수 있었다는 것이다. 수입 철광석으로 만들어진 선철과 이곳에서 만든 화선을 비교해 보면 단면의 색과 빛, 또는 무게가 확연히 다르다. 또 보통의 선철은 내부까지 녹이 들어가

는데 비해 화선은 표면은 녹이 슬어도 내부까지는 슬지 않는다고 한다. 아시야솥은 상당한 고온에서 화선을 녹이므로 매우 단단하며, 두드려 보면 다른 솥에 비해 맑고 청명한 고음이 울려나온다.

솥을 만들 때 사용하는 틀도 독자적으로 제작했다. 덴묘와 교토에 없는 아시야 특유의 기법이라고 했다. 이것도 기술이 단절돼 전해지지 않았고, 문헌 사료에도 남아 있지 않다 보니 많은 시행착오를 겪고 나서야 겨우 만들 수 있었다고 한다.

예로부터 '무거운 솥치고 명품 없다'는 말이 있다. 물론 아시야에 한정하는 말은 아니지만 두께가 얇아야 한다는 것이다. 다른 부분은 별도로 하더라도, 몸체는 2mm 정도까지 얇게 하지 않으면 전체적으로는 상당한 무게를 가지게 된다. 여기에 몇 리터의 물을 넣게 되면 무게는 더욱 늘어날 테니까 말이다. 실제로 두께 2mm와 3mm짜리인 같은 크기의 솥을 비교해 보았는데, 두께는 불과 1mm 차이였지만 무게는 몇 kg의 차이가 났다.

또 아시야솥은 표면에 무늬가 있는 것이 많다. 거기에 비해 덴묘솥은 문양보다는 피부 자체가 주는 맛을 매력으로 하고 있다. 솥 장인은 그림을 그리는 재능도 필요했지만, 때로는 전문화가가 디자인한 문양을 넣기도 했다. 솥 장인은 종이에 그려온 그림을 솥의 표면, 즉 구형의 면에 잘 그려 넣어 보기 좋게 만들어내야 했다. 원화가 되는 그림을 종이에 베낀 다음, 그것을 덜 마른 흙주물에 붙여 가느다란 철필로 새기는 것이다. 솥의 귀도 따로 만들어 흙주물에 넣어 본체에 붙이는데, 많은 양의 물이 들어가는 무거운 솥이니까 떨어지지 않도록 완벽하게 붙여야 한다.

이렇게 재료인 철을 제련하고, 흙으로 주형을 만들고, 문양을 넣고 솥 귀를 붙이는 여러 가지 공정을 거친 뒤, 비로소 화선을 녹여 주형에 흘려 넣는다. 화선을 녹일 때는 가스나 중유를 사용하지 않고 숯을 사용했다. 주로 오이타에 자생하는 우바메가시(너도밤나뭇과의 일종)로 만든 숯을 사용하는데, 이미 충분한 시험을 거쳤다고 한다. 숯을 넣는 화로는 '고시키로甑爐'라고 하는 전통적인 것이 좋은데, 이렇게 녹여 흘러나오는 쇳물을 특수한 국자로 받아 주형에 흘려 넣는다.

이렇게 쓰고 보니 간단한 것 같지만, 실제로 보면 육체적으로 힘든 것은 물론이며 고도의 숙련된 기술을 갖추지 않으면 불가능한 일임을 실감하게 된다. 주형에 쇳물을 넣은 후 하루 동안 식힌다. 다음날 주형을 부수고 솥을 꺼내는데, 금이 가거나 실패하는 경우가 아주 많다고 한다.

– 성공률은 얼마나 됩니까?

– 20% 정도 될까요…… 조금만이라도 올리고 싶지만……

신고 씨의 대답에서 절실한 바람이 묻어났다.

그는 그 외의 솥 생산 공정이나 제작에 얽힌 여러 이야기를 들려준

후, 마을에 남아있는 유적으로 안내했다. 유적이라 해도 공방이 있었던 장소를 알려주는 비석이 몇 개 있을 뿐이었다. 이어서 구리로 만든 비사문천상이 있는 다카쿠라 신사를 보러갔는데, 가는 도중에 폭우가 쏟아졌다. 신사에 도착했을 때에는 차문을 열고 나갈 수 없을 정도였다. 할 수 없이 일정을 포기했고 신고 씨와 헤어졌다.

다음날 우리는 다시 다카쿠라 신사로 향했는데 중간에 또 다시 비가 내렸다. 누군가 우스갯소리로 '혹시 비사문천의 노여움을 산 게 아닐까' 하여 한바탕 웃기도 했지만, 신사에 도착할 때쯤에는 비도 멎고 우려했던 재앙(?)도 없었다.

이 신사에는 거대한 나무가 있는데, 특이하게도 속에 불에 탄 흔적이 있다. 이 거목은 1559년 분고의 다이묘였던 오오토모소우린大友宗麟이 신사를 공격했을 때 불에 탔었지만, 얼마 후 다시 살아났다는 것이다. 게다가 1970년에도 원인을 알 수 없는 불이 나 다시 화염을 받았다고 한다. 사실이라면 그 생명력에 찬사를 보내지 아니할 수가 없었다. 그런 기구한 운명을 가졌기에 현의 중요문화재로까지 지정을 받은 게 아닐까 생각했다.

1491년 주물사 오에사다모리大江貞盛가 만들었다는 비사문천상은 약간 높직한 자리에 서 있었다. 2m 규모의 당당한 입상이었는데, 대좌 위에서 악마들을 밟고 있어 전체 높이는 3m는 될 것 같았다. 왼손에는 등롱이 놓여있고, 오른손에는 삼지창을 집고 있다. 착용하고 있는 갑옷에는 국화문, 귀갑문, 벼락문 등의 문양이 주출되어 있는데, 이들 문양이 전해오는 아시야 솥의 문양과 공통점이 많다고 한다. 지붕이 없어 늘 비를 맞으면서도 당당하게 서 있는 상을 보면서 아시야 주물사들의 신묘한 기술에 감탄했다.

차솥의 고향은 지금 2
─사노佐野 덴묘天明

도치기현栃木縣 사노시는 3대약사三大藥師의 하나인 야쿠요케다이시厄除大師로 잘 알려진 소슈지惣宗寺 앞에 있지만, 사하촌보다는 닛코가도日光街道-다섯 개의 가도街道 중 하나로 에도(도쿄)에서 닛코까지의 약 140km을 연결하는 도로로 막부의 공식도로였다-의 역참 마을로서 발전했다. 원래는 이곳에도 성이 있었지만, 이시다와 도쿠가와의 전쟁이었던 세키가하라 전투關ヶ原役 후에 헐려버리고 사노는 도쿠가와 막부의 직할령이 되었다. 그 후 일부는 히코네번, 사쿠라번 등의 영지가 되었는데, 그 때문에 히코네시와 사노시는 자매 도시가 되었다고 한다.

야쿠요케다이시를 참배하는 길 앞에는 라멘점이 유난히 눈에 많이 띈다. 사람들에게 물어보니 최근 사노라멘이 인기가 높아, 일본 3대 라멘 중 하나인 기타카타喜多方라멘을 능가할 기세라고 한다. 참배를 한 뒤, 한 라멘집에서 주문을 했다. 투명한 국물에 큼직한 차슈-돼지고기 수육-,

나루토마끼–어묵의 일종–, 멘마–죽순나물–, 둥글게 썬 흰 파를 얹은 매우
간단한 것이었다. 언뜻 보기에 된장라멘이나 소금라멘 같은 느낌은 없
었다. 국물을 먹어보니 보기보다는 맛이 깊고 깔끔했다. 면은 곱슬곱슬
하고 쫄깃했는데 수타면이라 했다. 요컨대 깔끔하고 시원한 육수와 특
유의 수타면이 사노라멘의 특징이란다. 이것을 맛보기 위해 도쿄에서도
찾아오는 사람들이 많다고 했다.

　사노에는 볼거리들이 많은데, 그 가운데 빼놓을 수 없는 것이 덴묘 주
물이다. 다도茶道를 하는 사람에게 '덴묘 주물'이라고 하면 감이 안 올
지도 모르겠지만, '덴묘솥'이라고 하면 '아, 그렇지' 하고 고개를 끄덕일
것이다. 사노시는 후쿠오카 아시야솥과 함께 명성이 자자한 덴묘솥의
고향이다. 덴묘란 명칭은 주물을 만들었던 지역이 덴묘라 불리던 데서

유래했다. 지금은 시내의 거리 이름과 덴묘 초등학교라는 정도로만 남아 있다.

17세기 후반에 씌어진 《차보茶譜》라는 책에 덴묘라는 말이 나오는데, 그때 다도茶道에 사용한 솥으로 아시야, 덴묘, 교, 무구라, 이나카 등이 있다. 그중 덴묘솥은 고우즈케쿠니 덴묘上野國天明라는 곳에서 만들었는데, 아시야솥이나 교솥에 비하면, 꾸미지 않은 표면이 특징이라고 기록하고 있다. 덴묘의 특징이 피부의 자연미라는 건 지금도 유효한 평가다.

현재는 무구라솥이나 이나카솥이라는 말은 사용하지 않으며, 아시야와 덴묘, 거기에 요지로与次郎나 간치寒雉, 혹은 니시무라가西村家나 오니시가大西家 등 솥 장인의 이름을 붙이거나 가문으로 말하는 경우가 많다.

왜 사노에서 주물 특히 다도茶道의 차솥이 만들어지게 된 것일까. 현지에서 전승되는 이야기로는 가와치노쿠니 사노河內國佐野에서 다섯 명의 주물사가 이곳으로 이주하면서 시작되었다는 것이다. 처음부터 그곳에서 주물을 만들고 있었다는 주장도 있다. 하지만 전해오는 이야기들을 증명할 수는 없다.

어쨌든 헤이안시대 말기에는 이곳에서 주물이 만들고 있었던 것은 분명하며, 그 이후로도 갑옷 등의 무구武具나 범종, 금고金鼓 등의 불구仏具, 혹은 등 같은 일용품들을 활발하게 제작하고 있었다. 다도茶道의 솥은 이렇게 주물사들이 만들었던 일용품 중 쇠냄비를 사용하다가 점차 다도茶道 전용 솥으로 발전한 것이다.

덴묘솥을 알기 위해서 지금까지 몇 번의 솥 특별전을 열고 있는 사노시 향토박물관을 찾았다. 덴묘솥 특별전을 담당 큐레이터 아오무라미쓰오靑村光夫 씨의 해설을 들으면서 전시품들을 둘러보았다. 우리가 방문했을 때는 특별전이 열린 날이 아니라 상설전시품만 볼 수 있었다. 상설전

공방의 흔적

시 중 일부에 덴묘 주물을 소개하는 코너가 있었는데, 덴묘솥은 한 점만 전시되어 있었다. 솥의 고향에서 원형의 모습을 지닌 덴묘솥이 얼마 남지 않은 것 같아 아쉬웠다.

이어서 아오무라 씨는 시내에 있는 주물과 관계된 장소를 돌아보자며 이곳저곳 안내해 주었다. 처음 들른 곳은 조상이 가와치에서 이주해 온 다섯 명 중 하나로 알려진 마사다지로우에몬가正田治郎右衛門家였다. 당대는 혼자 주물을 제작했다고 하는데, 그 작품이 전시실에 진열되어 있었다. 그들 작품은 '시도우紫銅'라고 부르는 것이었는데, 구리에다 약간의 주석을 섞어 적자색으로 발색되었기 때문이었다. 열을 가할 때는 상황에 따라 일부는 구름모양으로 구리 본래의 색이 남는데, 그것이 무늬가 되어 단조로움을 극복하고 있었다. 시간이 지남에 따라 구리 색은 다시 미묘하게 변한다고 한다.

다음은 구로가네야가타鐵舘라 하는 원래 사노주조소라는 주물을 만들던 회사였는데, 지금은 주조는 하지 않고 주물을 파는 가게였다. 뒤에는 쇠를 녹이는 용선로가 있던 건물이 남아 있었다. 용선로는 이미 철거되었고, 지붕 아래 텅 빈 구멍은 큰 용광로가 있었음을 말해 주고 있었다.

이 집은 과거 오미에서 이곳으로 이주하여 주물 만들기에 종사했던 네 가문 중 하나라고 한다. 주인인 오오타겐이치太田賢一 씨의 말에 의하면, 이제 산업으로서 주물 만들기는 어려운 상황이라 했다. 기술을 배우려는 사람이 거의 없어 전통 공예로서의 사노 주물이 후세에 계승되는 것조차 장담할 수 없는 현실이라며 개탄하고 있었다.

그곳을 나와 사노 시내에 남아 있는 주물로 만든 기념물을 구경하기로 했다. JR사노역 근처에 있는 호시노미야 신사星宮神社에는 주물로 만든 도리이鳥居-일본의 신사 앞에 서 있는 구조물-가 서 있다. 도리이에 새겨놓은 글에 의하면, 지금부터 300여년 전인 1735년에 이곳 주물사들이 공동으로 제작하여 헌상했다고 한다. 신사는 아담하고 조촐한 모습이지만 과거에는 존숭을 받던 것임을 주물 도리이라든가 본전에 새겨 놓은 복

간노지 아미타여래좌상, 범종

잡한 조각 등으로 알 수 있었다. 지금도 절분제節分祭 때에는 예전의 활기를 일시적으로 보여 주기는 한다고 했다.

처음에 소개했던 야쿠요케대사厄除大師에는 큰 범종이 있는데, 이것은 1658년 이곳 주물사 105명이 힘을 합쳐 만들어 시주한 것이라 한다. 그들의 이름은 범종에 새겨져 있다. 종을 달아매기 위한 장치인 용두로는 호로우蒲牢라는 상상 속의 동물 머리를 붙였는데, 매우 오래된 모습을 보여주고 있어 귀중한 자료가 된다. 에도 시대가 되면 호로우는 사라지고 글자 그대로 용의 머리를 용두로 붙이게 된다.

근처 간노지觀音寺에는 동으로 된 아미타여래좌상을 모시고 있다. 이것은 1669년 인근 마을 사람들의 발원에 의해 세 명의 주물사가 만든 것으로, 대에는 주물사들의 이름이 새겨져 있다. 이 아미타여래는 건물 밖에 있지만 덮개가 설치되어 있고, 340년 정도의 세월이 흘렀는데도 전혀 손상이 없이 만들어진 당시 모습을 간직하고 있다. 이들만으로도 당시 사노 주물사들의 솜씨를 가늠하기에 충분했다.

이도다완井戶茶碗 銘 사카모토坂本

- 조선시대 16세기
- 입지름: 14.5cm, 굽지름: 5.2cm, 높이: 8.4cm, 무게: 376.2g

일본 다도에서 가장 높이 평가하는 다완 중의 하나가 이도다완이다. 이도다완이란 분류명은 이도와카사노카미井戶若狹守라고 하는 사람의 이름에서 생겨났다는 것을 비롯해 많은 이설들이 있다.

사카모토라는 이름은 이 다완을 소유했던 아케치미쓰히데明智光秀가 사카모토 성에 거주했기 때문이라 전한다. 미쓰히데는 일본 전국시대 통일의 기초를 닦은 오다노부나가織田信長의 최측근 가신이었지만, 결과적으로 주군을 죽이는 '혼노지本能寺의 변'을 일으키는 인물이다. 1578년경《덴노지옥회기天王寺屋會記》에는 미쓰히데가 이도다완을 사용했다는 기록이 나온다. 하지만 이 다완인지 아닌지는 불분명하다.

또는 에도시대 중기 유명한 차인이며 명품 소장자였던 사카모토슈사이坂本周齋가 소유했었기 때문이라고도 한다. 상자 겉에는 '坂本井戶', 안에는 그의 별호였던 '閑事庵'이 씌어 있다.

소위 '이도의 약속'이란 게 있다.

물레선이 뚜렷하다. 색은 비파색을 띤다. 유약이 갈라져 생긴 빙렬이 있다. 굽 주위에 '가이라기'라고 하는 유약방울이 있다. 굽은 높고 대나무 마디 모양이다. 굽바닥 가운데 팽이 끝처럼 돌출된 부분이 있다.

이 다완은 그것을 잘 지키고 있는 명품이다. 소박한 듯하면서도 호쾌한 맛이 있고, 외로운 듯하지만 고요함이 있다.

하케메다완刷毛目茶碗 銘 사해형제四海兄弟

– 조선시대 16세기

– 입지름: 13.9cm, 굽지름: 4.6cm, 높이: 5.5~5.9cm, 무게: 199g

분청사기의 한 종류다. 미시마三島와 같은 종류의 바탕흙에 넓적한 붓으로 단번에 백토를 칠하고, 그 위에 투명유를 입힌 것이 이 다완의 특징이다. 이때 붓이란 귀얄을 말하는데 돼지털이나 말총으로 만든 거친 붓이다.

이름은 막부말, 메이지 시대 뛰어난 차인이었던 고보리마사야스小堀政安가 '세상사람 누구나 모두 형제다四海之內 皆兄弟也'라는 글을 붙임에서 연유한다. 한반도 남부의 여러 가마에서 많이 생산하던 사발이다. 자연스럽고 꾸미지 않은 기법 때문에 정겨운 느낌이다.

일본 차회기에 처음 등장하던 때는 1628년이다.

유럽

독일 도자기의 자존심
–마이센Meissen

지금부터 10년이 지난 2003년, 일본 다도茶道를 강의하기 위해 독일 하이델베르크 대학에 초빙되어 3개월 정도 체류할 기회가 있었다. 나는 이때다 하고 유럽 도자기로서 다도茶道에 사용됐을 가능성이 있는 가마를 찾아보기로 마음먹었다. 그렇게 유럽 도자기 여행이 시작되었다.

첫 행선지는 가장 가까운 마이센이었다. 마이센은 구동독의 동남부, 지금의 독일 공화국연방에서는 중동부에 위치한 작센 주에 있다. 마이센에 가려면 과거 작센 왕국의 수도 드레스덴을 경유해야 한다. 하이델베르크에서 기차로는 시간이 많이 걸려, 프랑크푸르트에서 비행기로 드레스덴으로 갔다.

공항에서 택시를 타고 노이슈타트라 부르는 신시가지를 통과하여 엘베 강에 놓인 다리에 접어드니, 전방 좌우에 교회와 오래된 성이 눈에 들어왔다. 구동독에 속했던 거리들은 구서독과는 어딘지 모르게 분위기가

마이센 고성 풍경

다르며, 또한 제2차 세계대전의 상흔도 완전히 복구되지 않은 듯, 곳곳에 공사가 활발히 진행되고 있었다.

마이센에 가기 전에 꼭 보리라고 마음먹은 것이 쯔빙거Zwinger성 자기 컬렉션이다. 그것은 17세기 말에 즉위한 프리드리히 아우구스트 1세가 세운 성 안에 있다. 성은 왕이 죽은 뒤 일부가 르네상스 양식으로 증축되었지만, 전체적으로는 당당한 바로크 양식의 건물이었는데 방문자를 압도하는 웅장한 성이었다. 성 안에는 알테 마이스터 회화관과 무기 박물관도 있지만 자기 컬렉션을 찾았다.

사전에 하이델베르크 대학에서 연락을 해 이곳 학예원에게 안내를 받고 싶다고 신청했었지만, 학예원은 두 달 동안의 휴가를 떠나 안내할 사람이 없다는 대답이었다. 혼자 돌아볼 수밖에 없었다. 전시실에 들어가니 벽 한쪽에는 도자기 접시들이 전시되어 있고, 전시대 위의 케이스에도 다양한 도자기가 진열되어 있었다.

이 미술관은 입장료 외에 포토 티켓을 구입하면 후레쉬를 사용한 촬영도 가능하여 많은 사진을 찍을 수 있었다. 독일 미술관이라 해서 어디서나 촬영 가능한 것은 아니지만, 일본 박물관이나 미술관 같이 거의 예외 없이 촬영을 금지하는 것은 한 번 쯤 생각해보아야 할 문제가 아닌가 생각했다.

이곳에는 수천 점의 작품이 진열되어 있지만 소장품은 2만점을 훨씬 넘는다고 한다. 대부분 아우구스트 1세의 컬렉션인데, 그의 수집욕구는 상상을 초월했다. 어느 때는 자신의 부하 군인 600명을 도자기와 교환해 원성을 산 일도 있다고 하니 이것을 대체 어떻게 해석해야 할 지……아우구스트 1세가 자기 수집에 빠져든 것은, 당시 유럽에 유행하던 시누아즈리chinoiserie-중국 취미, 17후반~18후반 도자기나 회화 등 중국풍의 미술품을 좋아하던 경향-의 영향을 받은 것으로 알려져 있다. 그래서 중국뿐 아니라 일본 이마리伊万里 도자기도 많이 전시되어 있지만, 그 무렵 유럽에서 처음 소성에 성공한 마이센 도자기가 컬렉션의 중심이었다.

중국이나 일본의 자기는 대부분 네덜란드 동인도 회사를 통해 구할 수 있었다. 중국의 자기라도 경덕진의 청화백자나 오채만 아니라, 푸젠성福建省 덕화요德化窯의 백자나 이싱宜興의 갈유 자기 등도 많았다. 또 이런 도자기도 있었을까 하는 생각을 하게 하는 흑채나 남채에 금으로 문양을 새긴, 일본에서는 거의 볼 수 없는 자기도 눈에 띄었다. 형태도 접시나 발, 사발이나 항아리 등만 아니라 사람이나 동물을 상형한 것도 적지 않았다. 시대가 내려오면서 건물이나 이야기를 표현한 방대하고 복잡한 도자기도 제작한 것을 알 수 있다.

마이센에서는 광산사鑛山師-광맥을 찾는 사람-와 단야사鍛冶師-대장장이-, 연금술사가 협력해 18세기 초 백자 제작에 성공했다. 초기에는 중국과 이마리의 무늬나 모양을 본뜬 것이 많아 일견 중국산 혹은 일본산처럼 보이지만, 유심히 보면 세밀한 부분에서 독특한 모습을 갖춰 가고 있었다.

결국 모방 분위기를 벗고 마이센 독자적인 무늬나 모양을 만들어 내자, 왕후 귀족이나 부유한 상인들이 다투어 구입하기 시작했다고 한다. 즉, 마이센 자기는 왕후 귀족이나 부유한 상인의 집이나 성의 장식물로서, 혹은 그들의 식탁에 오르는 식기로 자리 잡기 시작했다.

쯔빙거 성에서 역으로 가는 길에 늘어선 멋진 건물과 조각들을 감상하면서 역으로 향했다. 드레스덴 중앙역에서 마이센 역까지는 40분 정도 걸렸다. 독일의 역에는 개찰구가 거의 없고, 자유롭게 출입할 수 있어 표를 사지 않고 열차를 탈 수 있다. 대신 각 역에 정차할 때 반드시 검표가 있으며, 차 안에서 표를 사면 역에서 사는 것보다 3할 정도의 요금을 더 내야 한다.

독일의 철도도 오래 전에 민간에 이관되었으나, 일본처럼 지역에 따라 회사를 분할하지 않고 DB-독일 철도-라는 한 회사가 전국을 관장하며, 인접하는 나라들과의 상호연계운행까지 하고 있다. 열차는 몇 가지 종류가 있는데 그 중 ICE로 불리는 열차는 시속 300km정도로 달린다고 한다. 하지만 일본의 신칸센처럼 별도의 레일을 달리는 것이 아니라, 재래선을 달리기 때문에 소요 시간은 꽤 걸리고 지연이 자주 일어나 예정된 연결 열차를 타지 못하는 일도 심심찮다고 한다.

마이센행 열차는 각 역에 정차하기도 하고, 천천히 달리기 때문에 차창 밖의 경치를 여유롭게 즐길 수 있었다. 마이센도 엘베 강 유역에 있으

마이센의 자기 공장

며, 드레스덴보다는 훨씬 아늑한 느낌을 주는 도시였다. 도자기의 도시이기 때문에 중국의 경덕진이나 일본의 세토처럼, 도자기 공장이 곳곳에 있을 거라고 생각했지만 그런 건물은 손에 꼽을 정도였다. 독일 어디에나 있는 성과 교회를 중심으로 극히 일반적인 거리로 이어져 있었다.

남쪽 변두리에 마이센 자기공장이 있었다. 가장 크게 눈에 띄는 것은 마이센 자기를 상징하는 두 개의 검이 교차하는 심볼이었는데, 이 마크가 없었다면 누구도 공장이라고 생각하지 못했을 것이다. 공장 같지 않은 거기에 몇 대의 관광버스가 멈추고, 사람들이 건물 안으로 빨려 들어가는 모습은 여느 관광지 이상은 아니었다.

입장료를 지불하고 건물에 들어서니 우선 위층의 전시실로 안내했다. 엄청나게 많은 도자기들이 빽빽하게 전시되어 있었는데 중국이나 일본 것은 없으며, 오로지 마이센 제품뿐이었는데 새로운 물건들이 많았다.

컬렉션의 질로 보았을 때는 쯔빙거 성 수준을 따를 수 없었으며 진열법도 마찬가지였다. 박물관과 공장 전시실 차이라고 하면 될 것 같았다. 그래도 마이센 도자기의 역사를 대충이나마 알게 되었고 나름대로 참고는 될 만 했다.

전시장을 둘러보고 나면 비디오로 마이센의 역사를 보여준다. 그 후엔 물레 성형, 틀로 찍어내기, 초벌그림下繪-초벌한 기물에 문양을 넣는 방법-, 윗그림上繪-유약을 발라 구운 후, 그 위에 문양을 넣는 방법- 등 4개의 공정을 차례로 견학할 수 있다. 물레는 세계 어디서나 큰 차이가 없지만 눈길을 끈 것은 발물레였다. 물레가 얹힌 나무의 원반을 발로 차 시계방향으로 돌리는 것인데, 이런 물레는 베트남에서도 봤는데 거기에서는 물레를 차는 사람과 성형하는 사람이 따로 있었다.

발이나 접시의 문양을 목형으로 찍어내기도 하며, 상형물을 찍어내기

마이센 자기 공장의 작업 모습

도 했다. 복잡한 것이나 대형 기물은 몇 개로 나누어 만든 후, 특수 접착제를 이용해 성형하고 있는 게 특이했다.

그림이나 문양을 넣는 것은 다른 나라와 크게 다른 것은 없지만, 굽기 전의 청화무늬 색이 중국이나 일본에서 사용하는 코발트보다 녹색을 띠고 있었다.

1차 연소, 즉 초벌구이는 950℃, 본불은 1,450℃에서 36시간이라고 하는데 생각보다 온도가 높고 시간이 길었다. 윗그림은 950℃ 정도로 굽는다고 했다.

자기 제작에는 자토가 필수인데, 양질의 고령토를 포함한 흙이 이 근처에 많이 매장되어 있다고 한다. 마이센 자기는 원래 드레스덴의 쯔빙거 성 근처에서 제작하고 관리했었는데, 이렇게 마이센의 알프레히트 성으로 옮겨진 것도 자토와 관계있을 거란 생각이 들었다.

마이센 자기에는 안쪽의 무늬 가운데라든가 굽의 내부에 두 개의 칼 마크를 넣는데, 이것이 시대에 따라 미묘하게 달라 작품의 제작 시기를 추정하는 단서 중 하나가 된다고 한다. 거리에서 팔리는 마이센 자기라고 불리는 것 중에는 이 마크가 없는 게 있는데, 그것은 마이센 자기 공장 이외의 물건일 것이다.

따뜻함이 묻어난다
- 네덜란드, 델프트Delft

두 번째 여행으로 선택한 곳은 네덜란드 델프트다. 하이델베르크에서 국제열차로도 가능했지만, 시간을 절약하기 위해 프랑크푸르트에서 암스테르담까지는 비행기를 이용하고 기차로 갈아타 델프트로 가기로 했다.

프랑크푸르트에서는 항공 노선이 거미줄처럼 개설되어 가까운 곳은 1시간, 멀어도 3시간이면 유럽의 주요 도시에 도착할 수 있다. 마침 독일의 내셔널 플래그인 루프트한자 항공의 체크인 카운터가 하이델베르크 아파트에서 걸어서 10분 정도의 거리에 있었다. 전날 수속을 끝내고 짐도 맡길 수 있다. 당일에는 가방만 들고 리무진 버스를 타면, 곧바로 프랑크푸르트 공항 출발 게이트로 들어갈 수 있어 매우 편리했다.

프랑크푸르트 공항에서 암스테르담 스키폴 공항까지는 1시간이면 충분해 기내에서 책을 읽을 수도 없었다. 공항에서 산 일본 신문들을 한 번

델프트 풍경

훑어보는 사이에 스키폴 공항에 도착했다. 도착 후 30분도 되기 전에 헤이그로 향하는 열차에 오를 수가 있었다. 옆에 앉은 노부인에게 물었다.

– 이 열차 헤이그까지 갑니까?

– 아니, 라이덴에서 갈아타야 해요.

20분 정도 걸려 라이덴에 도착해 환승열차를 찾아 서성이고 있는데, 아까 그 노부인이 '이쪽, 이쪽' 이라고 소리 손짓을 하며 타야 할 홈을 가르쳐 주었다.

곧바로 환승열차가 도착했고 헤이그까지 20분 만에 도착했다. 이번에는 델프트까지 트램이라는 노면전차를 이용해야 했는데, 노면전차가 너무 많아 어떤 것을 타야할 지 난감했다. 가까이에 있던 젊은 여성에게 물었더니 그녀도 잘 모른다고 했다. 그녀는 이 사람 저 사람에게 물어보더니 끝내 델프트행 승강장까지 안내해 주었다. 네덜란드 사람들은 참 따뜻하구나 하는 생각을 하며 기분 좋게 델프트행 트램에 올랐다.

트램은 궤도의 부지 내에서는 버스 이외의 통행이 금지되어 빠른 속도로 달리지만, 신호도 지켜야 하며 사람이나 차가 앞을 가로지르는 경우도 있어 열차에 비해 훨씬 느렸다.

시내를 벗어나자 조용하고 한가로운 교외 풍경이 펼쳐지며 간간이 풍차도 보였다. 네덜란드는 국토가 좁은 탓인지 독일처럼 잠자거나 방치되고 있는 땅을 볼 수가 없으며, 밭과 목초지들이 보기 좋게 정리되어 있었다. 목초지에서는 양이나 소와 말이 한가롭게 풀을 뜯고 있다. 운하 안에는 달리고 싶어 안달하는 듯한 대형 모터보트가 계류되어 있었는데 바다가 가까운 탓일 것이다.

한 20분 정도 달린 후 시가지로 들어가는데 거기가 델프트인 것 같았다. 유럽 각지의 도자기를 둘러보기로 작정했지만 안내해 주는 사람이 없으니, 하이델베르크에서 사전에 입수한 정보와 가이드북에 기대어야 했다. 가이드북에는 '트램의 종점에서 하차, 소요 시간 20분'이라고 쓰여 있지만 도무지 종점다운 곳이 나타나지 않았고, 트램은 오히려 시가지에서 벗어나고 있었다. 뭔가 잘못되었다고 생각하고 지도를 보니 내릴 지점을 지난 게 분명했다. 어디인지 알 수 없었지만 일단 내려 반대쪽 정류장에서 트램을 기다렸다. 그렇게 시가지로 돌아오는 트램을 타고 도시 한가운데라고 짐작되는 곳에서 무작정 내렸다. 어림짐작으로 걸었는데 다행히 5분이 지나지 않아 익숙한 이름인 마르크트 광장이 나왔다.

마르크트 광장은 도시가 시작될 때 얻은 이름이다. 독일에도 마르크트 광장에는 교회와 시청 건물이 있는 경우가 많다. 시청 앞에는 결혼식이 있는 모양이었다. 신랑 신부는 행복한 모습으로 하객들의 축하를 받

전시실

고 있었는데, 피곤한 몸을 누일 둥지를 찾아야 하는 나는 그들을 보고 있을 여유가 없었다. 몇 군데의 호텔을 둘러보고 어렵사리 마음에 드는 호텔을 잡았다.

방에서 한숨 돌린 후, 첫 목적지로 잡은 곳은 로얄 델프트 팩토리라는 자기 공장이었다. 호텔에서 미리 위치를 묻고 나갔지만 좀처럼 눈에 띄지 않았다. 여러 사람들에게 묻고 물어 겨우 도착한 공장은 조용한 주택지에 세워진 낡은 건물이었다.

접수처에서 입장료를 지불하고 안으로 들어가니, 제일 먼저 두 여자가 그림을 그리고 있는 작업실이 나타났다. 델프트도 마이센과 마찬가지로 청화백자를 생산하고 있는데, 그림 작업은 중국이나 일본과 같이 초벌구이 그릇이나 사발 위에 붓으로 그리는 방법이었다. 다만 마이센에서는 코발트색이 약간 녹색을 띠고 있었는데, 여기는 일본, 중국 등과 거의 같은 색이었다. 문양이 세밀하고 화려한 것은 마이센과 다를 게 없었다.

그림 작업실을 나오면 자료실인데 델프트 도자기들이 진열되어 있다. 태토의 흰 빛깔이 마이센보다는 부드럽고 따뜻한 느낌이었다. 문양은 회화적인 것이 많았는데, 풍경이나 이야기 장면을 그린 것이 많았다. 그릇 모양은 마이센처럼 다양하지 않았고 상형물도 적었다. 대신 델프트는 그림을 그린 타일이 많은 게 특징이라 할 수 있을 것 같다. 그리고 보니 호텔 욕실에도 그런 타일이 박혀 있던 기억이 났다. 물론 채색한 것도 있고 금채를 이용한 호화로운 것도 많지만, 역시 델프트 자기의 정수는 흔히 '델프트 블루'라고 불리는 청화자기에 있을 것이다. 마이센의 블루보다는 약간 짙고 선명하며 청색이라기보다는 남색이라고 해야 할지도 모르겠다.

델프트에서 도자기 생산을 시작한 것은 마이센보다 100년 정도 빠른 17세기 초로 보고 있다. 처음에는 자기가 아닌 도기를 생산한 것 같은데, 암스테르담의 골동품 가게에선 17세기 전반에 생산되었다는 도기 파편을 팔고 있었다. 그것을 보면 익힘이 덜하고 두께가 있어 보이는데, 완전한 형태라면 상당히 무거울 것 같다는 상상을 하게 한다. 그림도 이 공장에서 보는 것처럼 세밀하지 않고 꽤 빠른 붓 터치를 보여주는데, 어쩐지 일본의 다도茶道에서 말하는 고청화백자古染付를 연상케 하는 분위기였다.

델프트는 마이센에서 자기생산에 성공하자 그것을 따라가는 식으로 시작되었고, 이곳 자료실에서 볼 수 있는 제품을 생산하게 되었다. 물론 17세기 작품으로 추정할 수 있는 도기류는 이곳 자료실에 보이지 않지만, 델프트 자기의 보다 따뜻한 맛은 이런 전통 때문에 아닐까 하는 생각이 들었다.

델프트에서는 17세기 후반부터 제품에 알파벳으로 디자인한 심볼 마

작업

크가 사용되었고, 마크는 시대와 함께 변화하므로 생산 연대를 추정하기 위한 유력한 단서가 되며, 마크가 있는 것과 없는 것은 같은 제작 연대라 하더라도 골동품 가게에서 값은 크게 달라진다. 자주 보이는 'F · Delft' 문자와 단지를 연상하게 하는 도안을 조합한 마크는 19세기 후반부터 사용하고 있는 것이다.

다음은 방이라고 해도 절반은 실외였는데, 물레로 성형한 직후의 단지나 접시, 또 초벌구이를 한 제품이 선반에 잔뜩 널려 있었다. 물레로 성형도 하고 유약을 바르는 작업을 하고 있었다. 물레는 역시 마이센과 같았는데, 발물레는 빠른 회전을 얻기 어렵겠지만 성형하는데 필요한 회전 속도는 그것으로 충분할 것 같았다.

시유는 한국이나 일본, 중국처럼 유약을 넣은 통에 기물을 풍덩 담그는 방식이 아니라, 전동 스프레이로 기물에 뿌리는 방법이었다. 물레는 오랜 옛날부터 사용해온 것을 고집하면서, 시유는 문명의 이기를 사용하는 건 아무래도 어색한 조합이었다. 어쨌든 보다 우수한 제품을 만들기 위한 선택이라고 볼 수밖에.

공장 견학을 마치고 들른 곳은 프리센호프 미술관이다. 미술관은 거리 한 가운데에 우뚝 솟은 옛 교회 뒤에 있어 쉽게 눈에 띄지 않았다. 높은 지붕을 가진 건물은 왠지 수도원을 떠오르게 하는데, 이 역시 수도원으로 지은 건물이었지만 16세기에 이 지역을 지배하던 왕이 접수하고 왕자의 거처로 사용했다고 한다. 그래서 사람들은 프리센호프-왕자의 집-로 불렀고, 19세기 말에 미술관으로 개관했다고 하니 그 역사는 아주 오래되었다. 현재는 델프트 시립 미술관이다.

옛 네덜란드 회화나 델프트 도자기부터 현대미술까지 약 20개 정도의 전시실로 나누어 수많은 작품을 전시하고 있었다. 전시실 중에는 과거 주방을 그대로 보존하면서 전시하는 곳도 있었다.

전시방법에 의문을 품는 것은 직업병일까. 반드시 그러해야 한다는 규칙이 있는 것은 아니지만, 진열한 그대로 일 년 내내 그대로 두고 있다는 인상이 강했다. 물론 일본의 많은 미술관처럼 일 년에 몇 번이나 전시 작품을 바꾸며, 그때마다 도록을 만들도록 학예원을 몰아붙이는 것도 생각해 봐야 하는 문제이겠지만.

스페인에도 도자기가 있다
– 마요르카Mallorca와 타라베라Talavera

스페인의 수도 마드리드는 프랑크푸르트에서 비행기로 2시간 정도 걸린다. 2003년 6월, 더위와 건조함 때문인지 하늘에서 내려다본 스페인의 대지는 생각한 것과 달리 녹음이 적었고, 적갈색으로 바래 마른 풀이 널린 것 같았다.

마드리드 공항은 규모가 매우 큰데, 프랑크푸르트 공항과 비교할 때, 좋게 말하면 떠들썩하고 활기 있게 보인다. 다른 시각으로 보면 어수선하고 무질서하다 할 수도 있을 것이다. 공항에서 국내선으로 갈아타고 마죠리카 섬으로 향했다. 일본에서는 마죠리카로 읽는데, 현지에서는 마요르카로 발음한다. 마드리드에서는 약 1시간 정도 걸린다.

파루마 마요르카 공항에 내려서니 줄지어 선 야자나무 위에 강렬한 햇빛이 부서지며, 하이비스커스를 비롯한 원색의 꽃들이 이방인을 반겨주었다. 이런 게 남국의 풍경인가 싶은 생각이 들었다.

마요르카 항구 풍경

　여기에 오기 전까지 '마요르카는 중세에 번창했지만 지금은 영광의 그늘을 뒤집어 쓴 쓸쓸하고 적막한 항구 도시가 아닐까' 제멋대로 상상했었다. 섬은 내 예상을 한참 벗어났다. 마요르카의 중심부는 대단한 활기로 넘쳐났고, 크고 작은 다양한 호텔들이 즐비한 상상 이상의 휴양지였다.

　택시를 이용해 예약한 호텔에 도착했다. 호텔이 바다에 접하고 있지 않아 아쉽기는 했지만, 만족할 만큼 넓었고 시설도 맘에 들었다. 짐을 풀자마자 곧바로 항구를 찾았는데, 시내 한가운데에 있는 호텔에서 항구까지는 걸어서 20분 정도 걸렸다. 도중에 골동품 가게는 없을까 기웃거려 보았는데, 스페인에서는 오후 4시 정도까지는 점포 문을 닫는다고 했다.

고성 풍경

레스토랑도 웬만하면 오후 8시 전에는 문을 열지 않는다. 많은 스페인 사람들은 낮부터 느긋하게 와인을 마시다가 저녁 식사를 한 후, 밤 8시경에 집을 나서서 늦게까지 즐긴다고 한다. 오후 9시에 개점하고 다음날 아침 5시까지 영업하는 가게도 적지 않다. 우리 같은 여행자에게는 불편하기 이를 데 없지만, 스페인 사람들은 그러한 습관을 고칠 기색이 전혀 없는 것 같았다. 일본에서는 상상하기 어려운 일인데, 그렇게 해도 여유롭게 살아갈 수 있다면 참 부러운 일이었다.

항구를 이리저리 둘러보았는데 깨끗하게 정비된 근대적인 시설이었다. 오랜 역사를 지녔던 흔적으로 남은 것은 커다란 교회나 산 위에 남아 있는 고성 정도였다. 물고기가 헤엄치는 것이 선명하게 보이는 해변에는 콘크리트로 부두를 만들어 놓았는데, 도자기 사금파리가 발견될지도 모른다는 내 엉뚱한 기대는 고스란히 날아가 버렸다.

하지만 부두에 서서 멀리 바다를 바라보고 있으니, 깊은 감회에 사로잡히게 된다. 옛날엔 이탈리아 등에서 이곳으로 도자기가 옮겨 오고, 그것을 사들인 네덜란드 배는 또 멀리 아프리카 대륙 끝 희망봉을 돌아 인도양을 넘었을 것이다. 항해를 계속해 말라카 해협을 거쳐 동중국해로 들어가 겨우 극동의 섬나라 일본에 도착했을 것이다. 도대체 거기까지 가는데 얼마나 많은 시간이 걸렸으며, 얼마나 많은 이야기들이 바다에 뿌려졌을까.

오랜 항해와 거친 환경에서 몸이 망가졌을 것이며, 거대한 폭풍우를 만나 죽음의 공포를 맛보기도 했으리라. 때론 해적을 만나 곤욕을 치렀을지도 모른다. 그들은 왜 그런 모험을 했던 것일까. 그것 또한 살기 위한 몸부림이었을 것이다. 미지의 섬나라 일본까지 오간 이유는 성공하기만 하면 엄청난 부를 안겨주기 때문이었을 것이다. 손아귀에 들어올

타라베라 풍경

것 같은 돈 꾸러미를 상상하며 허리띠를 조이고, 큰소리로 서로를 격려
하며 도자기를 옮겨 싣는 남자들의 모습이 떠올랐다.

일본에서 마요르카라면 지명인 동시에 도자기 종류를 의미하기 때문
에 마요르카에서 도자기를 생산한다고 생각하는 경향이 있지만, 마요르
카에서는 도자기를 굽지 않았으며 중계 기지에 불과했다. 예를 들어 일
본 이마리나 타이 슨고로쿠가 도자기 이름으로 정착했지만, 실제 생산
지는 아리타나 시샤챠나라이인 것과 마찬가지로 마요르카의 생산지는
이탈리아였다. 그 가운데에는 스페인 본토의 도자기가 포함되어 있었는
지도 모른다.

내가 일본을 떠나기 전에 마요르카를 갈 것이라고 하자 많은 사람들이 거기엔 참고할 만한 것이 없으니 일부러 가야할 것까지 없다고 충고를 했었다. 그들 말마따나 도자기 사금파리는 고사하고 옛 모습을 떠올릴 만한 게 없었다. 그래도 굳이 여기까지 온 것은 현지에 서 보지 않고서는 실감할 수 없다고 생각했기 때문이다. 흔적마저 사라졌다 하더라도 이곳에서가 아니면 떠올릴 수 없는 생각에 한동안 잠길 수가 있었기에, 결론은 역시 오길 잘했다는 것이었다.

항구에서 돌아오는 길에 다시 도자기점을 들여다봐도 여전히 잠겨 있어 호텔로 돌아갔다. 다음 날 비행기 출발시간까지 여유가 있어 다시 한 번 도전했는데, 열 시가 지나서야 겨우 가게 셔터를 올리는 곳이 있었다. 황송한(?) 마음으로 들어가 보니 황색과 녹색이 선명한 그릇이나 항아리가 빽빽하게 진열되어 있었다. 언뜻 보니 청화백자로 보이는 푸른 색채의 그림이 있는데, 윗그림上繪으로 코발트가 두껍게 처리되어 있었다. 생산지가 어디냐고 묻자 스페인이라고 대답했다.

스페인에서는 2세기 경에 토기를 생산했고, 늦어도 11세기에는 시유도기를 생산했으며 생산지도 적잖이 알려져 있다. 스페인을 떠나기 전에 조사한 것은 타라베라.데.라.레이네Talavera de la Reine라는 발음하기도 어려운 곳에서 생산된 도자기인데, 다도茶道에서 말하는 '오란다阿蘭陀-일본어로 네덜란드를 지칭하는 말이지만, 이 책에서는 도자기 이름이다-'에 가까울 거라는 생각이 들어 타라베라-스페인 사람도 이렇게 줄여서 부르는 경우가 많다-를 찾기로 했다.

타라베라는 일단 마드리드로 돌아가서 기차로 가야 한다. 마드리드에는 북역과 남역이 있는데 타라베라로 가는 열차는 남쪽 아트차에서 출발한다. 또 장거리와 단거리는 같은 역이라도 출발 장소가 다르며, 표를 살

때에도 정리권을 받아 차례를 기다리지 않으면 안 된다고 하니, 기차에 오르기까지 상당한 시간이 걸릴 것 같아 출발 전날 표를 사고 홈을 확인해 두었다.

다음날 열차는 예정된 시각에 출발하였는데, 약 2시간이면 타라베라에 도착한다고 했다. 가는 도중 정차역에는 인적이 뜸했고, 어떤 역은 서부극에 나오는 것 같이 홈도 없이 덜렁 역사만 선 곳도 있었다. 너무 시골인 것 같아 까닭 없이 불안했고, 타라베라 역에 내려도 역시 텅 비고 쓸쓸한 분위기였으나 시내에 들어서니 상가도 꽤 있고 나름대로 활기가 있었다.

미술관이 있다는 것을 알고 왔지만 네덜란드 델프트에서 도자기 공장을 찾을 때처럼 좀처럼 보이지 않았다. 이곳에는 영어가 전혀 통하지 않아 길을 물으려 해도 아는 몇 개의 스페인 단어에 몸짓과 손짓을 섞어야만 했다. 그렇게 묻고 헤매다가 겨우 미술관이라는 낡은 건물을 찾아냈다. 건물 외관은 낡고 퇴색해 보였지만 미술관의 내용은 충실했다. 지하층에는 고고 자료, 1층에는 타라베라 자기의 16세기 이후 참고 자료, 2층에는 현대작가의 작품이 진열되어 있었다.

도기의 종류에는 접시나 단지, 컵, 타일 등이 있었는데, 기하학 문양, 화초문, 조수문, 성서의 이야기 등을 푸른 안료로 그린 그림뿐만이 아니라 황, 녹, 청색의 유약도 사용했다. 18세기에 들어서면 자색의 유약도 더해져 한층 화려하고 아름다웠다.

관내에는 비디오로 제작 과정을 소개하고 있었다. 인근에서 채취한 흙을 물레 또는 틀로 성형하고 화장토를 전체에 바른다. 태토에 철분이 섞여 있어 기물이 갈색을 띠기 때문에 이른바 '백토화장'을 하는 것이다. 그 위에 연필로 프리핸드 스케치로 밑그림을 그리거나, 형지-본을 뜬

도기를 사용해 지은 건물

종이—를 기물에 눌러 윤곽선을 그리고, 유약으로 채색한 후 굽기로 들어
간다. 온도는 1,000℃ 가량이다. 그릇 크기에 맞는 크고 작은 갑발 바닥
에 세 갈래로 된 토칭—기물이 갑발에 붙지 않도록 하는 역할—을 놓고, 그림을
그린 작품을 넣어 사람의 키 높이로 쌓아 올리고 있었다.

　타라베라의 색 사용 방법은 스페인의 다른 어떤 도자기보다 이탈리아
파엔차 도자기에 가깝다. 하지만 다도茶道에서 말하는 '오란다'의 담뱃
잎 문양의 물항아리나 퇴수기, 또는 오리 모양의 향합 등은 볼 수 없었
다. 아직 파엔차에 가보지 않아 단정적으로 말할 수는 없지만 이곳 타라
베라가 '오란다'의 산지일 가능성은 낮은 것 같았다. 물론 16세기에는

'오란다' 풍의 문양이 시작되었기 때문에, 다도茶道의 전세품 일부에 섞일 가능성이 있었을지는 모른다. 어쨌든 이 미술관에서 본 타라베라 도자기들은 다도茶道의 도구로써 그대로 쓸 만한 것은 거의 없었다고 할 수 있지만, 도자기로 볼 때는 뛰어난 작품이 적잖이 있었다.

이들은 결국 마이센이나 델프트처럼 좋은 자기를 생산하지 못했기 때문에 유럽 상류계급들의 이목을 끌 수 없었던 것 같다. 타라베라에서 돌아와 들렀던 마드리드의 장식 미술관에도, 실내를 장식한 도자기는 마이센이나 프랑스의 세브르, 혹은 중국이나 일본 것들이었고, 타라베라를 비롯한 스페인의 도자기는 부뚜막을 꾸미는 타일 등에 사용되는 경우가 많았다.

장식 미술관은 부유했던 어떤 인물의 집을 그대로 미술관으로 만들었는데, 당시의 생활을 충실히 재현하고 있는 방도 있었다. 거기에 있는 도자기를 보면 유럽에서는 도자기가 식기 등 생활용품으로서 뿐만 아니라 실내를 장식하는 세간살이로서도 중요한 역할을 했음을 알 수 있다.

화려한 도기, 마이올리체maioliche
–이탈리아, 파엔차Faenza

지금 유럽의 도자기로는 마이센과 델프트 외에 세브르나 로열 코펜하겐, 웨지 우드 등이 잘 알려져 있는데 이들은 모두 자기이다. 그러나 유럽에서는 예로부터 도기도 굽고 있었고, 그 일부가 일본으로 건너와 '오란다', '고우모紅毛–네덜란드나 네덜란드인의 의미–'란 이름으로 불리며 다도茶道의 도구로 사용되었던 것은 새삼 거론할 필요가 없다.

특히 이탈리아에서는 12세기에 채색도기를 생산했는데, 15세기가 되면 황색 · 청색 · 초록 · 갈색 등의 유약을 이용해 화려한 도기를 만들었고, 그것을 마이올리체maioliche이라고 불렀다. 주요 산지는 파엔차인데 그 무렵에는 이러한 채색도기를 프랑스어식으로 파엔세라 부르며 유럽 각지에서 애용했다고 한다.

그래서 다음 방문지로 파엔차를 택했다. 2003년 유럽의 5월에는 예년에 없었던 추위였다가, 6월이 되면서는 한여름을 방불케 무더위로 냉탕과 열탕 사이를 오갔다. 독일을 떠나기 전에 '이탈리아의 더위는 살인적'이라는 말을 많이 들었는데, 아니나 다를까 기온은 연일 30℃를 넘었고 습도까지 높아서 곤욕을 치렀던 여행이었다.

프랑크푸르트에서 밀라노까지는 비행기로 1시간여밖에 걸리지 않아 순식간에 말펜사 국제공항에 도착했다. 밀라노에는 공항이 두 개 있는데, 리나테 공항은 시가지에서 가깝지만 말펜사 공항은 거리가 멀어 버스를 이용해야 한다.

때마침 밀라노 중앙역으로 가는 셔틀버스가 있어서, 원님 덕에 나팔 분다고 1시간 정도 밀라노 시내관광을 즐기기로 했다. 버스가 주로 뒷골목을 달려서 그랬는지는 몰라도 '패션의 도시 밀라노'라고는 생각할 수 없는 초라한 풍경이었던 것은 의외였다.

중앙역에 도착해 열차로 갈아탔는데, 열차는 에어컨도 없었고 역마다 정차하는 완행이었다. 달릴 때에는 창문으로 바람이 들어와 그래도 참을 수 있었지만, 차는 용광로처럼 달구어져 역에 정차할 때마다 땀이 비오듯 쏟아졌다. 그렇게 가다 서기를 반복하면서 3시간여 만에 겨우 파엔차 역에 도착했을 때는 '아이고' 소리가 절로 나왔지만, 어찌 보면 안도의 한숨이기도 했다. 예약한 호텔은 교외의 한적한 곳에 있었다. 시내를 가려면 택시를 타야 했기에 그날은 조용히 쉬기로 했다.

다음날 아침, 하늘은 구름 한 점 없이 맑아 더위를 예감하게 했다. 호텔에서 본 TV에서는 가뭄으로 농작물 피해가 속출하고 있는 소식을 내보내고 있었다. 곧 이은 일기예보에 37℃까지 오른다는 뉴스를 듣고 진저리를 쳤지만, 호텔에 드러누워 있으려고 온 게 아니기에 마음을 다잡고 호텔을 나섰다.

파엔차에서의 첫 여정은 도기박물관이었다. 외관은 벽면 전체가 담쟁

이덩굴로 덮여 낡은 건물처럼 보였지만 안으로 들어가니 근대적인 설비를 갖춘 꽤 큰 박물관이었다. 여기에는 파엔세 뿐만 아니라 지중해 연안이나 중남미에서 오래 전에 생산된 채색토기들이 전시되어 있었다. 현대작가의 작품도 전시돼 있었는데, 그 중에 교토 출신의 젊은 일본인 작가의 작품이 눈에 잘 띄는 장소에 놓여 있어 놀라기도 했다.

작업대, 작품

내가 보려 했던 것은 파엔세였다. 그것이 전시되어 있는 곳으로 들어가자 한 쪽에는 물레가 설치되어 있었는데, 역시 마이센이나 델프트에서 본 것과 같았다. 발로 차는 아랫부분의 목제 원반은 직경 1m 정도였고, 윗부분 작업대는 삼분의 일 정도로 표면에는 금속판이 붙어 있었다.

파엔세의 태토도 역시 철분이 많은 듯 유약이 벗겨진 부분에서 보이는 흙은 갈색을 띠고 있었다. 처음에 바른 하얀 안료는 그렇게 두껍지 않앉고 그 위에 덧칠한 안료도 얇았다. 그럼에도 불구하고 명료하게 발색하고 있어 앞서 보았던 스페인의 타라베라보다는 기술적으로 뛰어난 것임을 알 수 있었다. 디자인도 15세기가 되면 회화적인 표현이 나타나게 되고, 풍경이나 성서 이야기 등을 그린 큰 접시도 출현한다. 그러나 푸른 안료만으로 그림을 그린 작품이 그다지 많지 않았는데, 그건 마이센이나 델프트의 청화백자를 흉내 낸 것이 아니라, 파엔세만의 독특한 채색 도기에 대한 자신감이나 활로가 있었기 때문이란 생각이 들었다.

모양은 그렇게 다양하고 풍부하다고 할 수 없었지만, 항아리나 합자, 또는 단지나 컵 등 일상생활에 이용된 물건이 많았다. 중국과 이마리의 영향을 받았다고 할 수 있는 작품도 많진 않았지만 눈에 띄었다.

그중에 물항아리로 사용하면 알맞은 크기와 형태를 가진 것도 있었다. 이곳 특유의 어깨가 넓고 몸통이 잘록한 모양을 한 단지 가운데, 다도茶道에서 말하는 '담뱃잎무늬 물항아리葭葉紋水指'와 완전히 같은 색채와 필치를 가진 것이 있었다. 일본에 전해진 '오란다'의 대부분은, 파엔차를 중심으로 했던 파엔세가 네덜란드 델프트에 전해지고 거기서 생산된 것으로 알려졌다.

하지만 이런 작품은 파엔세 전체에서 보면 결코 본류가 아니었고, 기술적으로도 그리 뛰어난 것이 아니었다. 그것이 다도茶道 선택된 데에는 중국이나 조선의 것과 마찬가지로 일본 다도茶道의 독특한 미의식이 작용하고 있음을 보여준다. 이들이 아득히 먼 이곳에서 일본까지 건너와 다도茶道의 도구로 관심을 받으며, 지금에 이르기까지 소중히 다뤄지고 있는 것을 생각하니 묘한 흥분이 일기도 했다.

미술관을 나와 거리를 둘러보니 새로운 파엔세를 취급하는 가게는 여기저기 있었지만, 오래된 것들을 보여주는 가게는 좀처럼 눈에 띄지 않았다. 도자기를 진열하고 있는 가게에서는 예외 없이 안쪽에서 백토를 입힌 반제품에 그림을 그리고 있었는데, 자기 가게에서 그린 도기를 파는 것 같았다. 그런 한 가게에서 골동품을 파는 곳을 물었더니, 주인은 친절하게 내가 가지고 있던 파엔차 시가 지도에 다섯 곳을 표시해 주었다.

표시된 지점을 찾아가니 틀림없이 골동점이 있었다. 한 군데도 틀리지 않고 정확했다. 늘 길 찾기에 어려움이 있어 고생했었지만 이번만은 달라 그 분에게 감사했다. 그 가운데 한 가게에서 본 접시는 파엔세 특유의 색조가 잘 드러나며, 수수한 인상이 동양적 분위기를 풍겨서 지갑을 열고 말았다. 소개받은 골동품 가게를 모두 돌아보았을 때는 이미 더위가 기승을 부릴 채비를 하고 있어 예정보다 일찍 파엔차 산책을 끝냈다.

서둘러 다음 목적지인 피렌체로 갈 채비를 했다. 호텔을 떠나 역에 도착하자 마침 출발하려는 열차가 있었는데 급행이었다. 환승지인 볼로냐까지는 30분도 채 걸리지 않는 것은 좋았지만 역시 냉방이 문제였다. 냉방기는 가동하고 있었지만 있으나마나한 수준이라 또다시 '찜질방'을 견뎌야 했다.

탈 때마다 그런 열차가 얻어걸릴까봐 노이로제가 걸릴 지경이었다. 때문에 볼로냐 역에서는 예약을 하지 않았지만 멋지고 빠른 유로스타라는 열차를 탔다. 유로스타는 어디나 빈 좌석이 있으면 앉을 수 있지만, 그 좌석 지정권을 가진 승객이 오르면 자리를 비켜주어야 한다. 다행스럽게도 주인은 없었고, 피렌체까지 약 1시간을 모처럼 냉방이 잘 된 쾌적한 열차로 여행을 할 수 있었다. 이걸 대단한 행운이라고 생각한다는 자체가 우습기도 했다.

피렌체 역에 도착해 역 구내에 있는 안내소에서 델타행 버스 시간을 물었더니, 오후 5시에 한 대가 있을 뿐인데다가 무려 3시간이나 걸린다고 했다.

　– 다른 루트는 없습니까?

　– 글쎄요, 페루지아까지 열차를 이용하고 그곳에서 버스로 가야 하는데 그곳에서의 발차시간이나 간격을 알 수가 없습니다.

　안내원의 말을 듣는 순간 무리라는 생각이 들어 일단 호텔에 들어가 쉬면서 결정하기로 했다.

　이탈리아로 출발하기 전에 이탈리아에 오랫동안 살면서 다도茶道에 밝은 사람에게 이탈리아의 도자기에 대해 물었었는데, 파엔차의 뒤를 잇는 유명한 도자기 산지가 델타라고 했다. 거기에는 미술관도 있고 공장도 있다고 했기 때문에 꼭 가고 싶던 곳이었다. 그러나 살인적인 더위라든가, 오랜 시간 열차와 버스를 번갈아 타야 하는 문제, 잘 알지도 못하는 곳인데다 교통마저 불편한 점 등을 변명삼아 결국 델타 행을 단념하고 말았다. 무엇보다 결정적인 변명은 델타의 도자기가 유명하다고는 하지만 결국 파엔차를 잇는 것에 불과하기 때문에 특별할 게 없을 거라는 판단 때문이었다. 대신 피렌체 시내 미술관을 돌아보기로 마음먹었다.

　그렇게 이탈리아 델타 도기를 보지 못해 아쉬웠지만, 훗날 독일에서 돌아오던 길에 들른 미국 필라델피아 미술관에서 뜻밖에도 델타 도기를 만나는 행운을 갖게 되었다. 그 미술관은 규모도 컸지만 전시 내용도 충실했다. 유럽 미술전시실에는 파엔세가 많이 전시되어 있고, 파엔차를 비롯해 델타, 몽테루프, 도라파니, 우루비노 등 이탈리아 각지의 도자기가 전시되어 있었다. 그것들을 비교해 보니 역시 파엔차가 가장 뛰어났지만, 델타 등 다른 가마의 작품에도 파엔차가 가지지 못한 나름대로의 맛과 특징이 있는 것을 알았다.

　피렌체에서 미술관을 꼽으라면 아무래도 우피치 미술관일 것이다. 날

씨가 좀 선선해지는 저녁 무렵에 호텔을 나서 시내 산책 겸 미술관 접수 창구로 갔다. 하지만 예약이 없으면 오랜 시간 기다려야 하는데다 오늘 예약은 벌써 마감했다고 한다. 내일 아침 상황을 물었더니 8시 반과 11시 반이 비어 있다고 했다. 8시 반은 아무래도 너무 이른 것 같아 11시 반 예약권을 구입하고 돌아왔다.

다음 날, 예약 시간에 맞춰 미술관에 가보니 예약을 하지 않은 사람들의 줄이 길게 이어져 있었다. 예약 전용 입구에 예약권을 보이자 간단하게 들어갈 수 있었다. 일본에는 이러한 예약제도가 없으며, 몇 시간이나 기다려서 들어간다고 해도 인파 속에서 어렵사리 전시를 봐야 하는 경우가 허다하다. 이렇게 엄격한 예약제를 실시하면 불편한 점도 있지만, 여유를 가지고 감상할 수 있을 것 같았다. 그러나 관람자의 수를 전시회 성패의 유일한 바로미터로 생각하는 한 이런 제도는 요원할 것이다.

이 미술관의 전시 내용을 좀 과장해서 표현한다면, 유럽 미술사를 개관할 수 있다는 것이다. 특히 르네상스기의 작품은 매우 충실하여 아무리 보아도 싫증이 나지 않았다. 하지만 방대한 전시작품을 한 점 한 점 시간을 두고 감상한다는 건 내가 가진 시간으로는 어림도 없었다. 주요 작품 이외는 건성으로 볼 수밖에 없었다. 그래도 오랜만에 미술작품을 듬뿍 감상했다는 생각에 행복감이 밀려온 하루였다.

오후에는 보석 장식 가게가 많아서 '황금다리'라 불리는 베키오 다리 건너 피티 궁전 안에 있는 자기박물관에 갔다. 우피치 미술관이 메디치 가家의 건물과 컬렉션을 전시하고 있는데, 피티 궁전은 메디치가의 라이벌인 피티가家의 건물이었다가 16세기에 메디치가에 팔린 후, 확장되어 지금의 모습이 되었다고 한다.

궁전에는 파라티나 미술관, 복식 미술관, 은그릇 미술관 그리고 자기

자기 박물관

박물관이 들어 있다. 모두를 볼 수 있는 에너지는 더위 때문에 고갈되었지만, 자기 박물관만이라도 봐야겠다는 마음이었다. 한데 자기 박물관은 매우 넓은 이탈리아식 정원을 지나야 나타나는 작은 언덕 위에 있었다. 걸어서 입구에 닿았을 때에는 전신이 땀범벅이었다.

이 박물관에는 마이센이나 세브르, 비엔나 등 유럽 각지의 도자기가 전시되어 있었는데, 모두 19세기 이후의 것으로 식기가 많았다. 현지 이탈리아 파엔세가 전시되어 있지 않아 유감이었지만, 근세 유럽의 귀족이나 거상의 도자기 취미가 명확히 나타나 있어 흥미로웠다. 그 취미는 다도茶道의 기호와는 대척점에 있다고 해도 괜찮을 것 같은데, 그것은 유럽인과 일본인의 도자기에 대한 기호 뿐 아니라 훨씬 넓은 의미에서 미술이나 문화의 근간에 가로놓인 서로의 미의식 차이라고 할 수 있을 것이다.

유럽 도자기 여행은 동양에서의 그것과는 다른 느낌이다. 연구보다는 체험에 가깝다는 거다. 이유는 도자기 역사가 짧은 것에도 있지만 기록을 통해 실체가 거의 드러나 있기 때문이다. 어쨌거나 지금 유럽 도자기는 중국 경덕진이나 일본 아리타 도자기처럼 정교하고 화려한 특징을 지니고 있다. 차문화를 연구하는 입장에서 보면, 전체적으로 일본 다도茶道와는 다른 길을 걸었다는 느낌이 들었다.

차 한 잔!
내가 고른 노무라미술관 소장 조선 명품다완 10선. 2

호리미시마다완彫三島茶碗 銘 지수池水
- 조선시대 17세기
- 입지름: 15.4cm, 굽지름: 6.0cm, 높이: 6.4~6.7cm, 무게: 321.4g

이 다완의 잔재는 일본에서 1580년 전후의 유적으로부터 출토된다. 16세기 말, 임진왜란 이전에 조선의 왜관에서 생산했던 것으로 추정된다. 한국의 민간 가마터에서는 이 다완의 사금파리가 발견되지 않고 있다.

하케메와 마찬가지로 분청사기의 일종이다. '호리'라는 말은 조각처럼 팠다는 의미이다. 음각으로 이해해도 될 것이다. 거기에 백토를 채워 넣은 것이다.

형태는 평평하고 그다지 높지 않지만 꼿꼿하게 선 굽, 내외면 전체에 빗살무늬와 꽃문양을 상감했다.

고보리엔슈가 소유했었다고 전해진다. 차회기에 처음 등장한 것은 1686년이다.

혼간지이도다완本願寺井戸茶碗

– 조선시대 16세기

– 입지름: 17.8cm, 굽지름: 6.3cm, 높이: 8.4cm, 무게:400.2g

쓸쓸함이나 당당함 보다는 정적인 분위기가 감싸고 있는 다완이다.

사발형인 대이도보다는 전두리가 밖으로 벌어져 있고, 굽은 낮으며, 작은 가이라기가 굽 안팎을 둘러싸고 있다. 얇게 성형했으며 일반적인 이도다완과 형태가 다르다. 대이도로 분류하기가 어렵지만 흙이나 유약은 대이도에 가깝다.

니시혼간지西本願寺에서 전해왔기 때문에 그렇게 불렀고, 1913년 입찰에 붙여졌는데 노무라 그룹의 창시자인 노무라도쿠안野村得庵이 낙찰 받았다.

신한균 사기장은 이도다완이 제기祭器였을 거란 주장을 하는데, 이런 타입은 제기와는 거리가 멀다는 견해가 있다.

한국

한국의 차문화사

———————

　최근에는 중국보다 한국에 갈 일이 많아졌다. 자연스레 지인이나 친구가 늘어나게 되는데, 그중 한 사람인 신한균 사기장이 내게 이런 말을 했다.

　– 제가 본 지금 일본의 차문화는 내리막길입니다. 그에 비해 한국의 차문화는 한창 상승세를 타고 있습니다. 앞으로 한국의 차문화를 주목할 필요가 있을 것입니다.

　일본인의 입장에서는 슬픈 이야기로 들리겠지만 자주 한국을 들락거리다보니 일리가 있는 말로 다가왔다. 분명 일본의 차문화, 특히 다도茶道를 향유하고 있는 인구는 급격하게 줄어들고 있다. 일본 다도茶道를 사랑하는 사람들은 장래에 대해 불안감을 갖고 있지만 뾰족한 해결 방법이 없으며, 상황은 점차 악화되고 있는 실정이다.

　반면 한국의 차문화는 오랜 잠에서 깨어난 듯 기지개를 켜고 힘차게

달음박질을 시작했다. 그렇다고
는 해도 일본 차문화의 상징인 다
도茶道는 완벽히 정착된 것으로만
해도 거의 500년의 전통이 있는
데 반해, 한국에서 진행되는 차문
화의 대부분은 해방 후, 그것도 비
교적 최근에 활기를 띠기 시작한
것으로 보인다.

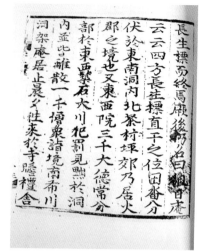

그러나 조선 반도에 차문화가
처음 전해진 것은 일본보다 빨랐
다. 한국은 신라 선덕여왕 시대(재
위 632~647)라고 기록하고 있는

삼국시대 《통도사지》에 나타나는 '茶村' 이
란 글자

데, 일본은 사가 천황 시대(816)로 보고 있으니 약 170년 정도의 차이가
있다. 신라 궁궐에서는 화랑들이 차에 관계했다는 기록이 있고, 고려시
대에는 중국으로부터 선종 사원에 말차의 음용법이 전해졌다고 알려져
있다.

芳信飛來路幾千	그리운 소식 몇 천리를 날아왔는고
粉牋糊櫃絳糸纏	하얀 종이를 바른 함 붉은 실로 묶었구나
知予老境偏多睡	내 늙어 잠 많은 줄 알고서
乞與新芽摘火前	새로 나온 찻잎을 구해 주었네
官峻居卑莫我過	벼슬 높다 해도 욕심 없이 사는 나인데
本無凡餉況仙茶	가진 것 없거든 하물며 선다仙茶를 바라겠는가
年年獨荷仁人貺	해마다 홀로 어진 이의 덕을 입으니

始作人間宰相家　　이제야 이 세상 재상집 구실하누나.
　　－ 차를 보내 준 일암거사 정군에게 감사하며 謝逸庵居士鄭君舊寄茶

　이규보李奎報가 쓴 내가 좋아하는 고려시대 한시다. 고려시대에는 위와 같이 차를 소재로 한 한시가 많은 것으로 보더라도 차를 마셨던 건 분명하다. 조선시대엔 명나라 책봉사를 맞이할 때 차를 대접한 것으로 알려지고 있다. 15, 6세기에는 일본과 마찬가지로 잎차 음용법도 전해진 것으로 추정된다. 하지만 실체는 아직 불분명하며 차문화에 종사하는 사람에게 물어보아도, 지금 행하고 있는 형식이 500년 혹은 1,000년 동안 이어오고 있다는 등의 말은 듣지 못했다.

　일제시대에는 당연히 일본인에 의해 일본의 차문화가 들어 왔겠지만 이 역시 자세한 상황에 대해서는 해명을 하지 못하고 있는 실정이다.

　결국 지금 한국에서 성행하는 차문화는 간접적으로는 옛 모습을 받아들인 것이라 해도 오랜 시간을 통해 정립된 것은 아니라고 생각한다. 그럼에도 불구하고 한국에서는 '백화난만百花爛漫'이라고 해도 좋을 만치 차문화가 성행하는 이유는 무엇일까.

　지금 한국에서 성행하는 것은 일본과 마찬가지로 말차와 잎차(녹차)다. 오래된 제다법에는 단차와 말차 그리고 잎차가 있었다. 마시는 방법으로 바꾸면 끓여내는 차, 혼합하는 차, 우려내는 차로 나뉜다. 찻잎을 절구에 찧어 만든 단차는 중국의 당나라 시대에 시작해 일본이나 신라 등 주변 국가들에 전해졌다. 하지만 이들 국가에선 무슨 이유인지는 알 수 없으나 곧 사그라지고 말았다.

　이후 송나라 때가 되면 찻잎을 가루로 만들어 물과 혼합하는 차, 즉 말차가 시작되는데, 그것 역시 고려왕조나 가마쿠라시대의 일본에 전해졌다. 일본에서는 선종사원을 중심으로 행해지던 것이 점차 외부로 펼쳐지는 연장선상에서 다도茶道가 정립됐다. 자세한 내막은 알 수 없지만 한반도에서는 선종사원을 중심으로 말차를 마시고 있었다고 추정되지만, 본가라 할 수 있는 중국에서는 어느 순간 사라져버렸다. 이후 중국에서는 잎차를 우려내서 마시는 방법이 유행했고, 이것도 조선시대의 한반도나 무로마치시대의 일본으로 전해졌다.

내가 본 한국의 차문화
- 부산 금강사金剛寺의 차 의식

지금 한국에서는 단차를 거의 마시지 않는다. 말차와 잎차를 마시는 것은 일본과 같지만 일본 만큼 잎차의 음용이 일반적이지 않다. 또 다도茶道처럼 도의 세계로까지는 전개되지 않았다. 지금 한국에는 차문화가 활발히 전개되고 있는데 대개 말차와 잎차이다. 일례로 부산 금강사-주지, 개산혜성 스님-라는 절에서 매년 행하고 있는 차문화 행사를 보기로 하자.

먼저 개시를 알리는 큰 북이 울려 퍼진다. 이어 여성 합창단의 노래가 이어지고 불사를 한다. 사회자의 지시에 따라 대웅보전이라는 불당에서 정병이나 꽃, 과자, 과일 등을 차례차례로 불전에 공손히 바치는데, 예쁜 치마저고리를 갖춰 입은 여성들이다.

불당 앞에는 별도로 하얀 치마저고리를 입은 여성이 한 줄에 20명씩 다섯줄로 나뉘어 앉아 헌다를 준비하고 있다. 각각의 앞에는 다도구를 갖춘 네 다리를 지닌 소반이 흰 천에 덮여 있다.

진행자의 신호가 있으면 일제히 덮개 천을 걷고 다사茶事를 시작한다. 맨 앞줄과 맨 뒷줄의 여성들은 찻솔을 흔들며 말차를 타고, 그 사이의 제2열부터 제4열까지의 여성들은 다관에 물을 붓는다. 즉 잎차를 우려내고 있다. 말차 사

합창

발은 천목대 같은 그릇에 얹혀 있는데 찻사발이 천목은 아니다. 자세히 보면 오기吳器다완 모양인데 굽이 상당히 높은 것이 특징이다. 한편 잎차 찻잔은 약간 작은 쟁반에 놓여 있는데, 쟁반의 형태도 일정하지 않으며 찻잔도 백자, 청자, 도기 등 다양했다.

차를 타는 여성들

헌다

차를 타거나 우려내고 나면 사회자의 지시에 따라 쟁반에 찻사발이나 찻잔을 받든 20명의 여성은 한 줄씩 일어나 불당 계단을 올라 부처님 앞에 일렬로 늘어선다. 차를 불전에 올리고 합장한 후 제자리로 돌아온다. 이 동작을 각 줄마다 반복하며, 5번째가 제자리로 돌아오면 참석자들이 모두 절을 하고 헌다가 끝난다.

참가자에게 제공하는 차과자

이 헌다에서 말차를 맡은 여성이나 잎차를 맡은 여성이나 각기 나름대로의 일정한 절차를 따르고 있

는데, 일본 다도茶道에서 말하는 '데마에'와 유사한 것도 간단하지만 갖추어져 있다. 하지만 정연하게 진행되는 느낌은 아니었다. 그것은 사용하는 다도구에서도 비슷한 느낌을 받았는데, 말차면 말차, 잎차면

청주의 어느 차 행사

잎차 모두 같은 것을 사용하지 않고 재질이나 모양에도 차이가 많았다.

일본인의 시각에서 보면 통일성이 없다고 여길 수 있는데 나름대로 이유는 있을 것이다. 의식의 역사가 짧아 정착하는 과정으로 볼 수도 있으며, 개성이 강한 국민성일 수도 있다. 시간의 문제라면 언젠가는 통일성을 갖출 것이고, 국민성 때문이라면 앞으로도 그럴 것이다. 내가 볼 때는 후자인 것 같은데, 이것 또한 한국 차문화의 특징 중 하나로 보면 좋을 듯하다.

이것은 사원에서 열린 의식이지만 전시회에 부수되어 있는 차문화 행사도 매우 많다. 예를 들면, 충남 청주시의 박물관에서 고려 다완 전시회가 열린 적이 있다. 그때 전시장 인근의 사원 앞 광장에선 다연이 펼쳐졌는데, 열 개 정도의 그룹이 참여 했다. 그들은 각각 잔디 위에 자리를 마련하여 전시회를 찾은 사람들에게 차를 제공했는데, 잎차 좌석도 있고 말차 좌석도 있었다. 차를 타는 방법도 매우 다양했다. 일본의 센차도나 다도茶道는 유파에 따라 미세한 차이가 있지만 기본은 거의 같다고 할 수 있는데, 한국의 차는 다양하고 독자적인 인상이 강했다.

내가 본 한국의 차문화
–일본 다도茶道를 공부하는 차인들

한국에는 일본 차문화 상징인 다도茶道를 그대로 받아들이고 있는 차
모임도 있다. 특히 지리적으로 일본과 가까운 부산지역에서 관심이 많
은 듯하다. 그 한 예가 부산광역시 동래 지역에서 활동하는 그룹이다. 건
물의 엘리베이터로 7층에 내리면 차실로 통하는 입구가 나타나는데, 빌
딩 안에 있기 때문에 일본 차실의 정원처럼 나무는 없지만 쓰쿠바이蹲
踞–차실에 들어가기 전에 손을 씻는 곳–는 마련되어 있다.

쓰쿠바이에서 손을 씻고 안쪽으로 들어가면 오른쪽에 차실, 왼쪽에는
한국식 온돌방이 있다. 온돌방에는 작은 서안이 몇 개 놓여 있고 방석이
깔려 있다. 방에는 차모임의 여성들이 모두 치마저고리를 입고 앉아 있
었다. 회원은 모두 여성이었는데, 한국 차문화 특징 중 하나가 여성 중심
이란 점이다.

먼저 과자와 잎차가 나오는데 과자는 한국 고유의 것으로 회원이 손

입구의 장식, 차실

수 만든 것이었다. 단맛이 강하지 않고 담백하여 일본 과자와는 다른 맛이었다. 함께 나온 잎차는 은근하고 부드러운 맛이었는데, 모두 한국산 차를 사용한다고 했다.

차실로 안내했다. 귀빈용 출입구와 일본 차실 특유의 작은 출입문(니지리구치)이 있었는데, 우리는 귀빈용 출입구를 통해서 들어갔다. 정면 도코노마에는 일본인이 쓴 족자가 걸려 있고, 꽃병에는 예쁜 꽃이 꽂혀 있다. 전체는 다다미 8장 정도로 넓었고, 화로에 걸린 솥에는 이미 물 끓는 소리가 아름답게 들리고 있었다. 데마에 자리에는 조그만 선반이 설치되어 있고, 거기에 물항아리와 말차를 담는 차이레가 있다.

회원 중 한 사람이 데마에를 시작했는데 일본 다도茶道 그 자체였다. 일본 다도茶道는 차실과 데마에, 다도구라는 세 가지 요소로 구성되는데, 이들도 그것에 충실한 것 같았다. 세 요소가 조화를 이루기 위해서는 철학, 즉 '차의 마음'이 필요하다. 이곳 차모임은 '다심당茶心堂-회장 배정숙, 차선생 서유선-'인데 이름에서부터 차의 마음이 배어 있는 느낌이었고, 데마에도 나를 놀라게 할 만큼 훌륭했다. 일본의 다도茶道에서는 '차의 마음'이 쇠퇴하는 기미가 나타나는 것과 대비되는 그림이었다.

– 일본의 차문화
인 다도茶道를 한국
사람이 그대로 받아
들이는 데 있어 위
화감은 없습니까?

회원들의 모습

라고 물었더니 다
음과 같은 대답이
돌아왔다.

– 우리는 일본의
다도茶道를 배우는
게 아니라 '차의 마음'을 배웁니다.

완벽한 대답이었다. 사실 그 말이 아니더라도 그들이 보여 준 데마에
에 차의 마음이 잘 녹아있는 것을 쉽게 알 수 있었다.

내가 본 한국의 차문화
-접빈다례와 오행다례

지금까지 한국을 수십 번 오고 갔지만 요즘은 방문할 때마다 한국의 차문화 기세에 압도되는 느낌이다. 한국의 차문화에는 일본 다도茶道나 센차도煎茶道처럼 이에모토家元라고 하는 절대적인 존재는 없다. 따라서 전체적으로 조직적이고 통일되는 느낌은 부족하지만 오히려 그런 이유 때문에 힘을 지니는 지도 모른다.

한국의 차문화는 잎차를 우려 마시는 것이 주류이며, 말차를 하는 그룹은 상대적으로 적다. 부산의 '다심당茶心堂' 처럼 말차를 주체로 일본의 다도茶道를 즐기는 그룹이 있는가 하면, 한국 특유의 방식으로 행하는 그룹도 있다. 어떤 그룹은 잎차도 하고 말차도 하는 등 매우 다양한 모습을 보여주고 있다.

2011년, 경남 사천시를 중심으로 활동하고 있는 그룹의 차문화를 견학하기 위해서 사천을 방문한 적이 있다. 해안 근처 선진리에는 임진왜란 때 시마즈요시히로가 쌓았다는 왜성터가 있다. 선진리 왜성은 가토 기요마사가 쌓은 왜성처럼 돌담을 두른 것이 아니라 토성이었는데, 지금은 공원으로 꾸며졌고 벚꽃이 많아 봄에는 꽃구경을 하는 사람으로 북적인다.

선진리 왜성터에서 경치를 보면, 마치 옛날 도요토미히데요시가 조선을 침략했을 때나 지금이나 같았을 거라는 생각이 들 정도로 사람의 손을 타지 않았다. 한국도 일본처럼 모래사장이나 해변이 많은데 아직 일본보다는 개발을 하지 않은 곳이 많다. 한국에선 일본이 거의 잃어버린 갯벌도 흔히 볼 수 있다. 정말 오백년 동안 이 그림이 변하지 않았을까 생각하면서 조용히 밀려왔다 사라지는 파도를 오랫동안 바라보았다.

삼천포라는 이름을 가졌던 그곳은 항구 도시이기 때문에 생선회가 맛있는 곳으로 유명하며, 곳곳에 늘어 선 가게 앞 수조에는 활어들로 가득차 있다. 그 중 한 집에서 회를 대접받았는데 물고기 종류는 일본과 별 차이가 없지만 보다 신선하고 먹음직스러웠다. 도식적이고 꽉 짜인 느낌의 일본 음식점보다는 자연스러운 분위기도 한 몫 했을 것이다.

사천을 상징하는 해수욕장인 남일대에는 경관이 아름다운 리조트가 있다. 그곳 호텔에서 남일대 차인회의 차 시연회가 열렸다.

이 그룹의 교육은 4단계로 나뉜다. 처음에는 잎차를, 두 번째에는 말차, 세 번째에는 접빈다례, 마지막에는 오행다례를 배우도록 되어있다. 오늘 시연은 각 단계의 이른바 '졸업발표회' 성격인 듯 했다. 우리는 전날부터 묵었기에 아침 일찍 시연장을 들여다볼 수 있었는데, 많은 사람들이 바쁘게 움직이고 있었다. 개회가 되자 국회의원, 시장 부부, 한국의 명찰 통도사의 고승 등 내빈 소개가 있었는데, 일본 노무라 미술관으로 내 이름도 소개됐다.

다례 발표회가 시작되었다. 내빈 앞에 한국의 차과자가 나왔고, 말차와 잎차가 차례로 나왔다. 그것들을 맛보면서 다례를 감상했는데, 그날은 네 가지 단계 중 말차와 접빈다례를 시연한다고 했다.

말차는 다리가 있는 네모 난 소반 위에 찻사발과 찻솔, 그리고 다기와 다포茶巾가 있는데 그들은 붉은 천으로 덮여 있었다. 소반들은 무대 중앙 안쪽에 하나를 놓고 그것을 중심으로 방사형으로 좌우 무대의 양쪽에 각각 7개씩 소반이 놓여 있다. 모두 15명이 참여하고 있지만 오늘은 특별한 경우이며, 보통은 그 인원이 적을 것 같다. 무대 중앙 앞에는 동백꽃이 든 꽃꽂이용 수반이 놓여 있다. 시연하는 사람들이 무대에 등장했고 각각 정해진 소반 앞에 앉아 붉은 천을 벗기고 데마에를 시작했다.

이 발표에서는 일본의 다도茶道처럼 풍로와 솥(가마)을 사용하지 않고, 물은 미리 끓여 도자기주전자에 채워 소반 옆에 놓아두었다. 그렇다고 해서 한국의 다례가 모두 그렇다는 것은 아니다. 한국 특유의 풍로와 솥을 사용하는 경우도 있다.

일정한 순서에 따라 모두가 말차를 타고 나면 앉은 그대로 찻사발을 들어 세 번으로 나누어 마신다. 차를 마시고 나면 찻사발을 씻고 처음에 있던 대로 소반 위를 정리한 후 붉은 천으로 덮고 퇴장한다.

데마에를 보니 일본의 다도茶道를 응용한 것도 눈에 띄었다. 그것은 이 모임을 이끌고 있는 이자현李秄玹 선생이 일본 오모테센케表千家의 다도茶道를 섭렵했고, 교토의 이와사키 종정에게서 직접 전수를 받고 있기 때문일 것이다. 그렇다고 해서 부산 '다심회'처럼 오모테센케의 다도茶道를 그대로 받아들이지는 않았다. 일본 다도茶道를 참고 하면서 한국 독자의 다례를 추구하고 있었다.

접빈다례로 넘어가기 전에 한국의 전통문화인 판소리 공연이 있었다.

접빈다례, 접빈다례 차

판소리는 들을 때마다 무언가 애잔한 느낌이 들었는데, 그날 판소리는 매우 힘차고 경쾌해 또 다른 면모가 있음을 알게 했다. 잠시 휴식을 가진 후, 접빈다례가 시작되었다. 앞서 행한 말차가 연습이라고 한다면, 이것은 일본의 다도茶道에서 말하는 차회에 상응하는 것이 아닐까 생각했다.

이 다례는 잎차로 행해졌다. 무대를 향해서 오른쪽에 정주의 자리가 있었는데, 다도구가 갖추어진 소반이 있었고, 풍로와 솥, 물항아리가 옆에 놓여 있었다. 차를 타는 것을 보니 일본의 센차와 비슷했다. 둘 다 차를 우려내는 순서는 기본적으로 찻잎을 다관急須에 넣고, 따뜻한 물을 부어 찻잎을 우려내 손님 잔에 따르는 것이다. 그런 점을 중심으로 보면, 일본의 센차를 닮은 것처럼 보이기도 하지만 분명히 다른 다도였다.

차를 우려내면 대기하고 있던 보조자가 정주 앞으로 간다. 그리고 차가 들어 있는 다관과 손님의 수와 같은 잔, 과자가 든 그릇을 다리가 달린 소반에 놓는다. 그것을 무대를 향해 왼쪽에 앉아 있는 세 명의 손님에게 나른다. 다소곳이 앉아 각각의 손님 앞에 놓인 소반으로 잔과 과자,

과자를 먹는 젓가락을 옮긴다. 그 후 보조자는 제자리로 돌아간다.

이번엔 정주가 손님 있는 곳으로 간다. 서로 인사를 나누고 정주는 찻주전자를 들어 손님의 잔과 자신의 잔에 차를 따른다. 모두에게 차를 따른 후, 정주와 손님이 과자를 먹고 차를 마신다. 마시고 나면 정주는 인사를 올리고 원래의 자리로 돌아가고, 보조자가 손님 쪽으로 가서 과자 그릇이나 젓가락, 잔, 찻주전자 등을 가지고 와 정주의 소반 위에 놓는다. 정주는 그것들을 정리한 후, 물을 떠 솥에 채우고 뚜껑을 닫은 후 천으로 소반을 덮는다. 정주와 손님이 서로 예를 표한 후, 양측이 무대 중앙에 마주 보고 앉아 다시 서로 인사를 하고 퇴장한다.

이것으로 행사가 끝난다. 참가하거나 구경하는 사람들을 둘러보니 역시 여성들이 압도적으로 많았다. 여성이 대부분이라는 것도 생소하지만, 이런 차문화에 종사하는 여성은 거의 상류 계층이라는 점도 고개를 갸웃거리게 했다. 다례를 행하는 사람들은 모두 한복을 갖추어 입었으며, 시연에 유일하게 출연했던 남자도 예외는 아니었다. 시연장에 있던 사람들은 한복을 입은 사람이 많았지만, 일반적인 양복을 입고 있는 사람도 적지 않았다. 일본의 다도茶道에서는 남녀 할 것 없이 차회에 참여하는 사람은 예외 없이 기모노를 비롯한 일본 전통 복장을 갖추는 점과는 달랐다. 거리에서는 남녀를 불문하고 한복을 입고 있는 사람을 보기 어려운데, 그것은 일본이나 비슷한 현실이다.

이번에 네 단계 중 말차와 접빈다례를 견학할 수 있었지만, 가장 흥미로울 것 같은 오행다례를 보지 못해 매우 아쉬웠다. 접빈다례는 말만 들어도 '손님을 접대하는' 다례라고 상상할 수 있지만 오행다례는 쉽게 넘겨 집기 어렵다. 일본에선 '오행'이라 하면, 목화토금수의 다섯 요소의 섭리를 말하며 음양의 이치를 떠올린다. 오행다례는 불교에 기초한 것으로 알려져 있지만 자세한 설명은 듣지 못했다. 어쨌든 일본 다도茶道와는 전혀 다른 사상에 근거한 다례라 생각하니 더욱 아쉬움이 컸다.

노무라 미술관에서 열렸던 오행다례(그 후 노무라 미술관에서 이자현 선생의 남일대 차인회를 초청하여 차시연회를 열었는데 그때 오행다례를 보게 되었다. 한국의 독특한 다례로 큰 호응을 얻었다.)

내가 본 한국의 차문화
-또 다른 차문화들

이렇게 다양한 차문화가 활발하게 진행되고, 곳곳에서 차행사가 이루어지게 되면 당연히 차 소비량도 늘어날 것이다. 한국에서는 예로부터 한반도 남부에 있는 절을 중심으로 차를 재배하고 있었다. 생산량은 그리 많지 않았던 것으로 생각하며, 말차나 센차를 일상으로 마시는 인구가 많았던 일본에 비하면, 생산량과 재배 기술이 그만큼 발전하지는 못했을 것이다. 지금 한국에선 일본에서 차를 수입하고 있는데, 한국 정부의 국내 차산업 보호 정책으로 고율 관세가 부과되어, 수입량은 그다지 많지 않다고 생각한다.

그 때문인지 차를 중요한 농산물로 간주하고 차문화를 지역문화 브랜드로 이용하려는 지역이 생겨나기 시작했다. 예를 들어 차산지로 유명한 경남 하동에서는 군수가 앞장 서 매년 '차 페스티벌'을 열고 하동차를 팔기도 하고 다양한 차문화 행사를 갖고 있다.

통도사에서 열린 차 시연

이곳에서 열리는 찻자리는 땅에 시트를 펴고 하는 것이 아니라 텐트를 설치하고, 테이블과 의자에서 차 접대가 이루어진다. 하동에서 생산하는 차뿐만 아니라 중국차도 판매하고 있었고, 차 문화 관련 서적도 팔고 있었다. 페스티벌에는 남녀 커플이나 가족들이 많았으며, 생각보다 활발해 지역의 성공적인 연중행사로 거듭나고 있는 것 같아 보였다. 하지만 그런 행사가 지방 산업으로서의 차 생산에 얼마나 기여할 지는 의문스러웠다.

이처럼 차문화가 활발해지면 차 생산과 함께 큰 영향을 받는 것이 있다. 차를 마시기 위해 위한 여러 가지 다도구, 즉 도자기이다. 한국은 고려청자나 백자, 혹은 분청사기 등 빼어난 도자기 문화가 발달했고, 사람들도 주변에서 생산하는 소박하지만 맛나는 도자기를 일상적으로 사용해 왔다. 하지만 어느 때부턴가 식기류가 금속으로 바뀌기 시작했고, 지금은 가정과 식당에서 사용하는 식기는 스테인리스가 많으며 플라스틱마저도 사용한다. 물론 차문화 행사에서는 도자기 사용을 당연하게 여기고 있으며 금속기는 보이지 않는다. 잎차를 제공할 경우는 청자나 백자, 말차는 일본에서 말하는 고려다완 풍의 도자기를 일부 사용하고 있었다.

그래도 한국에선 점차 도자기 수요가 늘어나고 있으며, 지금까지는 고려다완을 제작해도 거의 일본에서밖에 팔지 못했던 것이 한국에서도 팔리게 되었다고 한다. 고려다완을 제작할 때는 일상적인 도자기를 만드는 것과는 다른 어려움과 재미가 있는데, 거기에 종사하는 사기장이 늘고 있다고 들었다. 무엇보다도 일본에서 인정을 받게 되면, 차 도구로써 높은 가격에 판매되며 많은 수입을 얻을 수 있는 매력도 있다. 문제는 최근에 일본의 차문화 특히 다도茶道가 점점 쇠락해 감에 따라 그걸 기대하기는 힘들어지고 있다는 것이다.

어느 일주일간의 한국기행

———————

　십여 년 전, 일본 차문화의 역사라 할 수 있는 차회기를 조사하던 중, 이른바 어본다완御本茶碗-17~18세기에 걸쳐 일본에서 디자인하여 주문하고 조선에서 생산했던 찻사발-이라 불리는 다완이 지금까지 알려진 것과는 무언가 다른 점이 있을 것 같은 의문이 들기 시작했다. 좀 막연한 화두라고 해도 어쩔 수 없었다. 참고 자료를 찾고 전시회를 찾아다니고, 심포지엄에 참가해 보았지만 시원스런 답을 얻을 수 없었다. 그때 생각한 것이 제작 현장을 직접 찾아보면 어떤 실마리가 있지 않을까 하는 것이었다. 그렇게 길을 나선 것이 한국 가마터와 미술관을 찾는 여행의 시작이었다. 혼자 가면 재미도 없을 뿐더러, 사람이 많은 편이 보다 얻는 게 많을 것 같았다. 그래서 두세 군데 의향을 타진해 본 결과 예상외로 많은 인원이 모이게 되었다. 한국의 풍물과 함께한 일주일의 기록을 여행기 형식으로 묶어 보았다.

첫째 날

오전 8시, 오사카 국제공항에 여덟 명이 모였다. 도쿄나 가나자와 등 먼 곳에서 나선 사람은 전날 도착해 지인이나 호텔에서 머문 것 같았다. 우린 서로의 안부를 확인하고 출국 수속을 마쳤다. 대기실에서 향후의 일정에 대해 간단한 오리엔테이션을 가졌다. 일행 중 한국을 처음으로 방문하는 사람은 절반인 네 명이며, 나머지는 지금까지 네댓 번은 방문한 적이 있는 베테랑들이었다.

비행기는 한국 서울을 향해 날아올랐다. 오사카에서 서울까지의 비행 시간은 1시간 반 정도이며, 오키나와나 홋카이도에 가는 것보다도 짧다고 하니 한국이 얼마나 가까운 곳인지 실감났다. 기내식으로 나온 간단한 점심을 먹고 나니 벌써 도착이란다.

첫 여정은 한국의 가장 귀중한 유물 보고인 국립중앙 박물관이었다. 버스 창으로 들어오는 서울 교외의 가장 인상적인 풍경은 줄지어 선 고층 아파트였다. 일본에서는 좀체 보기 힘든 풍경이다. 덤프트럭이 흙먼지를 일으키며 달리는 것이 종종 눈에 띄었는데, 마치 옛날 일본의 고도 성장 시대를 연상시켰다.

1시간 만에 중앙 박물관에 도착했지만 정양모 관장과의 약속시간이 많이 남아 먼저 4층 도자실을 구경했다. 고려청자나 백자, 분청사기, 청화백자 등의 명품에 압도되어 입을 닫을 수가 없을 정도였다. 왜 많은 전문가들이 한국의 도자기를 맨 앞에 내세우는지를 보여 주고 있었다.

예정 시간이 되어 관장실을 찾아 상냥한 얼굴로 맞이하는 정 관장과 인사를 했다. 그는 한국 도자 연구의 일인자로 알려져 있으며, 일본 차도 자기에도 조예가 깊은 편이다. 이야기 하는 중에도 끊임없이 전화벨이 울려 우리가 민망할 지경이었다. 매우 바쁜 일정에 시달리는 것 같았다.

하지만 우리는 모처럼의 기회를 놓칠세라 질문을 퍼부었는데, 정 관장은 질문 하나하나에 꼼꼼하게 대답을 해 주셨다. 최근 발굴했다는 박산로博山爐 발굴 상황도 상세히 설명해 주었으며, 보존 처리 중이라는 물건까지도 보여주는 등 특별한 배려에 우리는 그야말로 대감격했다.

– 이제 첫발을 내딛은 한국 여행이지만, 벌써 돌아간다고 해도 후회할 게 없을 것 같다.

중앙 박물관을 나올 때 일행 중 누군가가 했던 말이다.

사실 더 많은 것을 보고 싶기도 하고, 물어보고 싶은 것도 많았지만 너무 바쁜 정 관장을 방해할 수 없었다. 떨어지지 않는 발걸음이었지만 다음 일정을 위해 버스에 오를 수밖에 없었다. 중앙 박물관은 올해 여름에 해체하기로 결정했다고 하니 그전에 꼭 한 번 더 찾아오리라고 생각했다.

박물관에서부터는 송성희 씨가 통역과 가이드를 함께 맡았는데 매우 아름답고 총명한 여성이었다. 송 씨는 수 개 국어를 자유자재로 구사했는데, 자신은 불교 미술을 연구하고 있으며, 젊은 예술가 육성에 많은 관심을 기울이고 있다고 했다. 일본 미술관계자로서 한국을 방문할 때에는 반드시라 해도 좋을 정도로 많은 신세를 지게 된다. 바쁜 가운데서도 이렇게 배려를 해 주니 황송한 마음이다. 이번에도 마찬가지였다. 송 씨를 보니 이처럼 든든하고 안성맞춤인 사람을 또 어디에서 찾을 수 있겠는가 하는 안도감이 들었다.

우리가 탄 버스는 곧 호림 미술관에 도착했다. 이 미술관은 창립자 윤장섭 씨가 30년에 걸쳐서 모은 도자기를 중심으로 한 컬렉션을 바탕으로 개관했다. 국보 8점, 보물 45점을 포함한, 특히 백자 컬렉션으로는 한국뿐만 아니라 세계적으로 유명하다. 토기류나 불상, 불기 등 금속공

예품도 많이 진열되어 있었다.

1979년 일본과 미국에서 개최되었던 '한국미술오천년' 전과 1984년 영국과 독일에서 열린 '한국미술오천년' 전시 때에도 호림 박물관에 소장된 명품들이 20여 점이나 출품될 정도로 한국 내에서 유명한 미술관이다.

호림 미술관을 나설 때는 날이 완전히 저물고 있었는데, 비행기에서 기내식 이후 먹은 게 없어 몹시 배가 고팠다. 시내 레스토랑에서 식사를 하고 호텔에서 여장을 풀었다. 길고도 짧았던 첫 날은 그렇게 지나갔다.

둘째날

아침 8시가 조금 지난 시간에 호텔을 나서 처음 찾은 곳은 한국의 명문대학, 이화여자대학이었다. 가이드인 송 씨가 오후에 일이 생겼다며 핀치히터로서 이연수라는 귀여운 아가씨가 동행해 주었다. 이 씨는 현재 이화여대대학원에 다니며 석조 미술을 전공한다고 했다.

이화여대는 초록으로 둘러싸인 넓은 캠퍼스에 많은 건물들이 널려 있었다. 여자대학다운 아늑한 분위기가 금세 전해졌다. 도시에 있는 일본 대학들의 비좁고 옹색한 분위기와는 천양지차였다. 박물관으로 들어서니 우리의 방문에 맞춰 최근 이 대학이 발굴한 출토품을 상, 중, 하의 단계로 정리해 진열해 놓았고, 담당자인 나선화 선생이 설명을 해 주었다. 그 후에 박물관을 돌아보았다.

이어 나 선생의 안내로 가까운 연세대학교를 들렀다. 이곳은 원래 일정에 없었지만, 한국 도자기를 연구하려면 반드시 보아야 한다는 나선생의 강력한 추천 때문에 갑자기 이루어진 일이었다. 거기도 미리 연락을 해 두었는지, 우리를 위해서 출토품들을 진열해 놓고 있었다. 그곳에 들어서자마자 우리 일행 중 '바로 이거야!' 라며 큰 소리로 외치는 사람이 있었다. 이유는 일본에서 출토된 물건 중에서 일본산인지, 외국산인지 판단하기 어려운 게 있었는데, 그와 꼭 같은 것을 발견했다는 뜻이었다. 그 자리에서 한국산으로 결론지어야 한다는 말이 오가기도 했다.

이 대학에서는 일본에서 논쟁의 대상이 된 그 단지를 비롯해 기존 한국에서는 별로 연구되지 않은 시유도기를 중점적으로 연구할 계획이라는데 그 성과가 크게 주목되는 바였다. 시유도기 그 자체는 분명히 청자나 백자에 비해 떨어지지만 이렇게 대량의 출토품, 그것도 완전한 형태의 물건을 늘어놓은 것을 보니, 그것은 그것대로 대단한 힘으로 우리에게 다가왔다.

연세대에도 부속박물관이 있는데, 도자기보다는 오래된 유품을 중심으로 전시하고 있었다. 그 정도만으로도 일본의 여느 공립 박물관에 견주어 손색이 없는 소장품이었다.

학생식당에서 제공한 비빔밥으로 점심을 해결하고, 차로 2시간쯤 달려 옛날 광주 관요가 있었던 자리에 세운 해강도자 미술관을 방문했다. 학예연구실장인 최건 선생이 우리를 반갑게 맞아 주었고, 미술관을 소개해 주었는데 작품들을 둘러볼 때는 진열장을 열어 도자기를 직접 만져 보게 하는 배려까지 해 주었다.

특히, 12세기 후반 작품으로 보이는 비색 청자 사발은 굽에서 몸통으로 이어지는 부분에 연꽃잎을 돋을새김 했는데, 그 빛깔과 무척 잘 어울렸다. 그것을 잡아 보았을 때 손에 착 감기는 느낌이었으며, 무겁지도 가볍지도, 그리고 크지도 작지도 않아 그야말로 완벽함을 갖춘 훌륭한 다완이었다.

미술관을 떠날 때 최 선생은 우리와 함께 가겠다고 했다. 미리 송 씨에게 우리 일정을 알아보고 자기 일정을 조정했던 것 같았다. 미안한 일이지만 우리로서는 감사할 따름이었다. 그와 함께 이곳저곳 가마터를 둘러보았는데, 그는 추진력이 강하고 매우 활달한 성격이라 많은 도움이 되었다.

처음 안내한 곳은 20여 기에 가까운 가마터가 집중해 있는 한강 중류의 우산리牛山里였다. 한강을 건널 때 강은 하얗게 빛나고 있었다. 아마 얼음이 얼기 시작한 모양이었다. 한반도의 추위도 만만하지 않음을 말해 주는 듯했다. 가마터는 일본의 그것과 마찬가지로 평지에서 조금 들어간 골짜기에 흩어져 있었다. 양질의 도자기 흙과 연료가 되는 목재, 그리고 완성된 도자기를 반출하기 용이한 장소를 고려한다면 바로 이런 곳이구나 하는 생각이 들었다. 20여기의 가마들은 한꺼번에 축조한 것이 아니라 수십 년마다 차례차례로 옮긴 결과라 한다. 한국에서는 현재 오백 여개의 가마터가 확인되었으며, 그들에게 일련번호를 부여하고 있지만 실제 발굴 성적은 그다지 좋지 않다고 했다.

이어서 근처 분원리로 갔다. 한국은 행정 구역이 넓은 데서부터 도. 시(군). 면. 리로 나누며, 가마터는 보통 'ㅇㅇ면 △△리'와 같이 불린다. 분원리 가마에서는 주로 청화백자를 생산하였는데 여기는 발굴이 완전히 끝난 상태였다. 가마터 자리에는 초등학교가 서 있었고, 운동장에서 오른쪽 길로 올라가면 사용원 도제조나 제조, 번조관 등 소위 사기장들을 관리 감독한 벼슬아치들의 치적을 기록한 비석이 줄지어 서 있다. 조선의 마지막 분원이 있었던 자리인데도 흔적이 없으니 아쉬움이 컸다.

우리가 이곳을 찾았을 때는 이미 해가 질 무렵이어서 자세한 관찰은 어려웠다. 이들 비석 앞에 잠시 쉬면서 당시엔 어떤 드라마가 전개되었을까 상상하다 보니 주위는 금세 어둠으로 둘러싸였다. 고소하고 담백한 민물장어 구이로 저녁식사를 해결하고 서울 호텔에 도착했을 때는 10시가 넘어 버렸다.

셋째 날

어제 오후부터 볼일이 있다며 헤어졌던 송 씨가 아침 일찍 호텔에 모습을 드러냈고, 최 선생과 함께 버스에 올랐다. 첫 행선지는 서울 북쪽 외곽에 있는 원흥리元興里 가마터였다. 이곳도 강에 가까운 구릉지대이며, 강을 통해 바다로 나가는 것이나 수도에 가깝다는 지리적 이점 때문에 10세기 말부터 약 200년 동안 청자를 구웠다고 한다. 그곳은 큰 벽돌 가마 1기를 만들어 자기를 생산했던 것 같았다. 상당한 양의 청자가 구워졌을 것으로 생각되는데, 이 가마의 생산품으로 알려진 것은 양이 극히 적어 한국 도자사에 남은 수수께끼의 하나라고 한다.

이어 서울 남쪽 용인에 있는 호암 미술관으로 향했다. 이 미술관은 한국의 대표적인 재벌인 삼성그룹의 창립자 이병철 컬렉션을 운영하고 있는데, 광대한 유원지의 한 부분을 차지하고 있다. 이곳은 서울 시민의 행락지가 된 듯 했고, 일요일이어서 그랬는지 가족 단위의 차가 꼬리에 꼬리를 물었고, 차량이 정체되기 시작하자 버스가 움직일 생각을 하지 않았다.

미술관으로 들어가는 길은 맑은 호수와 벚나무와 같은 가로수들이 어울려 아름다운 경관을 연출하고 있었다. 연못과 뜰이 잘 어우러진 한국 정원도 조성해 놓아 더욱 많은 관광객이 찾아오는 모양이었다.

미술관은 도자기, 금속 공예 등 고미술만 아니라 한국 현대미술 작품도 수장하고 있는 대단한 규모였다. 학예원이 휴일이라 우리는 최 선생으로부터 14세기 고려청자와 15세기의 조선청자 및 분청사기에 대해 강연을 들었다. 한국의 도자기가 청자에서 분청사기로 이행했다는 내용을 진열된 작품을 보면서 듣자 쉽게 이해할 수 있었다. 하지만 상감청자에서 분청사기로의 변화는 천천히 일어났기 때문에 어느 지점에서 구분을 해야 할 지는 어려운 문제라고 했다.

버스는 미술관을 나와 고속도로를 달리다가 안성 나들목에서 빠져나와 서쪽으로 향했다. 역시 가족이나 젊은 남녀들로 북적거리고 있는 아산호와 삽교호를 지나 서산 근처에 있는 오사리梧沙里 가마터에 도착했다. 이 가마터에 외국인이 방문한 것은 우리가 처음이라 하니 적잖이 긴장되었다. 지금까지 가 본 가마터에서도 느낀 것이지만, 방문하는 사람들은 연구 목적이라 하지만 그 마을 사람들에게는 달갑지 않은 손님으로 비칠 수도 있을 것이다. 가마터엘 가기 위해서 남의 집 처마 밑을 지나거나, 도자기 조각을 찾아 서성이고 있는 모습은 아무래도 온전하게 보이지는 않을 것 같았다.

실제로 그때 마을 사람들이 불쾌한 의사를 나타내며 항의를 해 왔다. 동행했던 최 선생의 차분한 설명으로 그들이 납득했지만, 만일 통역이나 설명이 제대로 되지 않는다면 자칫 큰 문제가 될 수 있음을 느꼈다. 이 가마는 오늘 아침 방문했던 원흥리와 거의 같은 10세기의 것이었다. 규모는 다소 작지만 역시 청자를 생산하던 가마였고, 11세기 경에 사라진 것으로 추정된다고 한다.

－ 한국에도 좋은 것이 있는 반면 나쁜 것도 있다. 그것을 한국인은 아직 잘 이해 못한다. 일본인들도 그런 점을 잘 이해해 주었으면 좋겠다.

가마 설명을 하던 최 선생이 문득 한 말이었는데 의미가 깊고 인상적이었다. 최 선생은 도자기 연구를 단순한 물건의 역사에서 끝내지 않고, 청동기라든가 수입 도자기와의 관계를 고려하면서 한국의 역사, 문화

속에 자리 매김 해야 한다는 것으로 받아들이고 있었다. 일본과 한국이 좋은 것뿐만 아니라 나쁜 것도 서로 솔직하게 지적할 수 있는 사이가 되어야 한다는 생각을 품고 있는 듯 했다. 어제 처음 만나 같이 하고 있지만 이야기 한마디 한마디가 가슴에 닿았다.

구릉지를 따라 얼마쯤 올라갔을까, 어디선가 소와 염소 울음소리가 들리고, 새가 지저귀는 한가로운 풍경이 펼쳐졌다. 일본에서도 얼마 전까지는 결코 진기한 풍경은 아니었는데 지금 보니 무척 생소하게 다가왔다. 언제부터 잊어 버렸던 것일까. 늘 내 곁에 있으리라 생각했던 것들이 모르는 사이에 사라져버리고 허전함만 달래는 일이 잦아진 것 같다.

완만한 산줄기 앞에 논이 펼쳐진 한국의 농촌 풍경은 일본의 그것과 별반 다를 게 없다. 단지 집 모양이나 기독교 교회가 절을 대신하고 있는 정도가 다를 뿐이다. 절은 대개 산 속에 있으며 상상 외로 기독교가 널리 전파되어 있는지, 교회 십자가는 보기 싫어도 볼 수밖에 없을 정도로 많은 느낌이 들었다.

오늘은 이동 거리가 매우 길었다. 가마터를 떠나 다시 남쪽으로 가는 도중 날이 저물어 길가 식당에서 불고기전골과 찌개로 저녁을 먹었다. 그날은 백제의 수도 부여의 북쪽을 흐르는 금강 언저리에 선 호텔에 여장을 풀었다. 이름은 서양풍이지만 한국식 여관, 즉 온돌방이었다. 요즘 한국식 여관들은 외관은 이른바 비즈니스 호텔식으로 되어 있지만 내부는 전통적인 구조를 가진 곳이 많다. 온돌은 한국의 독특한 건축구조인데 추운 겨울을 나기에는 그만이라고 한다. 이런 곳에선 석유를 연료로 사용하는데 지나치게 더운 경우가 많았다. 나 같이 온도조절이 미숙하고 더위를 많이 타는 사람은 곤욕스러운 경우가 종종 있었다.

넷째날

아침식사는 소위 '배달'을 하도록 하여, 전원이 방 하나에 모여 둘러앉아 먹었다. 학창시절 이후 오래간만에 이런 식사를 하게 되니 모두들 마음이 들떠 유쾌한 기분들이었다.

부여의 거리는 지나가면서 대충 보았을 뿐이지만, 아늑하고 단아한 분위기를 지니고 있었다. 그래도 '역시 고도古都의 품격을 지녔다'고 생각한 것은 선입관 때문이었지 싶다. 사실 백제는 승자의 역사도 아니며, 아주 오래된 이야기이기 때문이다.

정오 무렵, 구림리鳩林里에 도착했다. 이곳 가마는 통일신라시대인 8~9세기에 토기, 즉 경질도기나 회유도기를 구웠던 곳이다. 벗나무가 늘어 선 길을 지나 가마터에 이르니, 때마침 가마 복원 공사를 하고 있어서 가마의 구조를 공부하는 좋은 기회가 되었다. 꽤 큰 지상 가마였는데, 축요 기술은 중국에서 전래된 것으로 볼 수 있었다. 이곳은 지금 깊은 내륙이 되었지만, 옛날에는 바다에도 가깝고 중국과 일본으로 건너가기가 쉬운 곳이었다고 한다. 가마터 바로 옆에는 일본에 《논어》와 《천자문》을 전했다는 왕인王仁 박사의 출신지가 있었다.

다시 버스에 흔들리면서 남쪽으로 내려갔다. 오늘도 빡빡한 일정이라 점심은 버스 안에서 빵과 우유로 대신했다. 오후 3시가 지나서야 겨우 오늘 최종 목적지인 전남 강진의 용당리龍堂里에 도착했다. 이곳은 11세기 초반부터 15세기 후반까지 400여 년 동안 청자를 생산했으며, 매우 뛰어난 제품들을 생산했던 대규모 가마터이다. 200여기 가까운 가마터 중 20기는 댐이 생기면서 물에 잠겨 버렸다고 한다. 댐 근처에서 본 청자 사금파리 중에는 연꽃잎 문양을 비롯하여 매우 뛰어나고 아름다운 것들이 있었는데, 이른바 '비색翡色청자'를 창조해 낸 뛰어난 기술 수준을

엿볼 수 있었다.

돌아오는 길에 강진 일대의 가마 관리를 하면서, 직접 가마를 만들어 비색 청자 복원에 전념하고 있는 이용희 선생께 차를 대접 받았다. 그로부터 고려청자의 중심인 강진의 청자에 관한 흥미로운 이야기들을 들었다.

강진을 떠난 것은 날이 저물 무렵이었다. 버스는 광주 시내로 들어가 한 레스토랑에 섰다. 거기에 기다리고 있는 사람은 국립광주박물관 학예 연구원인 강대규 씨와 최응천 씨였는데, 아무래도 최건 선생이 두 사람을 불러놓은 인상이 짙었다. 우리 일행 중 한 사람은 강 씨와 구면이기도 했고, 서로가 쉽게 친숙해져 모두가 미주에 취해 버렸다. 최 선생이 한 턱 내는 자리였는데, 말은 못했지만 또 한 번 감사할 일이었다. 호텔은 역시 한국식 여관의 온돌방이었지만 침대가 놓여 있고 매우 쾌적했다. 피곤한데다가 취기가 한몫 거들어 방에 들어서자마자 곯아 떨어져 버렸다.

다섯째날

지난밤의 숙취가 남아 있는 머리를 움켜쥐고 호텔 근처에 있는 아침 전문 식당으로 갔다. 평소에는 아침식사를 잘 하지 않는 편인데 한국에만 오면 식욕이 살아나는 것 같다. 오늘도 김치와 국밥으로 일본식 그릇으로 하면 두세 그릇을 해치우고 나서는 나 스스로 놀랐다. 체중이 꽤나 늘어났을 거라는 생각이 들었다.

오늘은 광주박물관이 첫 일정이다. 넓은 부지에다 산을 배경으로 선 박물관은 그다지 크지는 않지만 꽤 산뜻한 분위기를 가지고 있었다. 이건무 관장과 인사를 하고 강 · 최 두 사람, 그리고 정선종 씨의 안내로 박물관을 둘러보았다. 특히 신안 앞바다에 침몰했던 어선에서 인양한 도자기나 목간류가 꽤 많은 공부가 되었다. 옥상 창고에 보관 중인 출토 도자기 조각도 특별히 보여 주었다.

다음은 광주 교외의 무등산 기슭에 있는 충효동忠孝洞을 둘러보았다. 15세기 전반, 지방가마로는 비교적 일찍부터 불을 때기 시작한 가마인데, 분청사기와 백자를 생산하고 있었다고 한다. 가마터에 남아있는 도자기 조각을 보니, 일본에서 다도구로 받아들인 것에 다소 가까운 것들이 섞여 있었다. 이곳에서 중앙에 헌상했다는 기록은 없으며, 주로 양반들이 사용하는 것을 생산했다고 한다.

최건 선생은 여기까지 안내를 해 주었는데, 이번 여행이 보다 짜임새가 있었다면 분명 최 선생의 마음에 힘입은 바가 컸다.

고흥으로 출발하면서부터는 일본에서 5년간 도자기 공부를 했던 민영기 선생이 동행해 주었다. 민 선생은 일본어를 잘하지만 공부한 곳이 규슈 가라쓰였기 때문인지 가라쓰 말투가 짙게 배어 있었다. 그는 꾸밈없는 성격으로 우리를 즐겁게 했다.

민 선생의 안내로 처음 찾아간 곳은 일본에도 잘 알려진 고흥 운대리雲岱里였다. 이곳에서는 청자와 분청사기를 생산했는데, 분청사기 계열의 사금파리 중에는 일본에서 말하는 미시마三島와 고비키粉引, 그리고 하케메刷毛目와 꼭 같은 것을 많이 볼 수 있었다. 이것만으로도 이 가마터가 일찍이 일본에서 주목받은 이유로 충분한 것 같았다.

오는 길에 낙안읍성의 성벽과 민속촌을 구경했다. 오래된 민가가 모여 있는 민속촌이었다. 한때 한국의 민가와 일본의 차실이 비슷하다고 시끄러웠던 적이 있었기에 자세히 보았다.

시타지마도下地窓를 연상하게 하는 작은 창문 외에는 특별하게 연관지울 수 있는 건축 구조물은 찾을 수가 없었다. 깊이 있는 연구를 하지 않고 단정할 수는 없지만, 요즘은 건축뿐만 아니라 여러 가지 면에서 한국과 일본의 유사점을 쉽게 내뱉는 경향이 있는 듯하다. 이것도 그러한 맥락이 아닌가 생각하는데 바람직한 일이 아니다. 왜냐하면 표면적인 유사성을 근거로 해서 너무 안이하게 한·일 양국 문화의 유사성을 주장하다 보면 과거의 '일선동조론日鮮同祖論-일본이 퍼뜨린 역사 이론으로, 일본인과 조선인의 조상은 동일하다는 내용이다. 일본의 한국 지배논리를 정당화하려던 이론-'에 빠질 수도 있기 때문이다.

일본과 조선은 오랫동안 왕래하면서 서로 영향을 주던 시기도 있었지만, 전혀 다른 국가로서 발전해 왔고 다른 문화를 키워 왔다. 유사성으로 접근하기보다는 서로를 다른 나라, 다른 문화로서의 인식을 전제로 다가가야 한다. 나아가 한·일 양국뿐 아니라 중국과 최근 급속하게 연구가 진행되고 있는 동남아까지 포함하여 광역적, 종합적으로 파악할 필요가 있다. 이런 시각으로 보면 앞으로의 도자기 연구는 더욱 중요한 역할을 하게 될 것이다.

전라도에서 경상도로 들어와 들른 곳은 역시 도자기 가마터로 유명한 하동 백련리白蓮里였다. 거기에는 이른바 가이라기-일본에서 이도다완이라 부르는 사발의 굽 주위에 유약이 말려 우유방울처럼 달려 있는 것-라고 불리는 유약 방울이 굽 부분에 붙은 사금파리가 많이 출토되고, 때로는 비파색을 띤 것들도 볼 수 있었다. 단지 굽 자체가 낮았는데, 이도井戸처럼 굽이 높지 않으며, 죽절굽-굽을 대나무 마디처럼 깎는 것-도 나타나지 않았다. 또 이 부근에서는 소바다완蕎麥茶碗 비슷한 것도 출토된다니 대한해협에 접한 경남에서 일본 다도茶道에서 사용한 도자기를 많이 구웠다는 것은 틀림없을 것이다.

진주로 오는 도중 어느 식당에서 저녁을 먹었다. 한국을 자주 방문하면서 생긴 관념 하나가 있다. 나에게 한국음식은 꽤나 익숙한 옷 같은 느낌이다. 무엇을 먹든 간에 거부감이 일지 않는다. 비록 그것이 길가에 있는 식당이거나, 한눈에 봐도 별로 깨끗하지 못한 곳이라도 맛은 나를 실망케 하지 않았다. 막걸리나 소주 같은 술도 마찬가지다.

진주에 들어와 한국식 여관에 여장을 풀었다. 밤에는 민 선생과 함께 한국 도자기에 대해 토론을 했다. 민 선생은 최 선생과는 달리 실제로 도자기를 굽고 있는 사람이므로 자연히 화제도 달랐다.

– 도자기는 만드는 사람의 마음이 반영되어야 합니다. 또한 그것을 꿰뚫어 보는 힘을 갖는 것이 핵심입니다.

민 선생이 강조한 내용이다. 도자기 제작에 관한 기술적인 문제보다는 보다 근본적인 부분에 방점을 둔 이야기였다. 또 한국에서는 청자나 백자의 아름다움만이 강조되어 온 경향이 있지만, 분청사기의 아름다움에도 관심을 쏟으려는 사람이 많아지고 있다는 이야기도 관심을 끌었다.

여섯째날

아침 일찍 일어나서 호텔 근처에 있는 진주성에 들어갔다. 새벽에는 시민들이 무료입장을 할 수 있어 그런지 추위에도 아랑곳하지 않고 산책을 즐기는 사람들의 모습이 눈에 많이 띄었다. 한국은 공기가 건조해서 일본의 추위와는 또 다른 느낌이다. 맵고 야무지다고 할까, 춥긴 하지만 후련한 느낌 같은 것이다. 유유히 흐르는 남강을 끼고 있는 진주성은 겨울이지만 아늑한 공원 같은 분위기였다.

아침 식사 후, 진주성 안에 있는 박물관을 견학했다. 이곳은 고고 유물을 중심으로 전시하고 있었으며 도자기는 거의 없었다. 그래도 삼한

두동리 가마터

시대의 금공예 같은 것들은 사람들의 시선을 끌기에 충분했고 나름대로
쏠쏠한 재미가 있었다.

버스는 마지막 숙박지 부산을 향해 달렸다. 도중에 창원 두동리頭洞里
가마터에 들렀다. 이곳에도 이도나 하케메와 비슷한 사금파리들을 많이
볼 수 있다. 한국에서는 이도를 조질백자로 간주하고 있는데, 그것을 정
양모 선생의 강연에서 처음으로 들었었다. 그때까지 이도는 도기陶器라
고만 믿고 있었던 만큼 상당한 충격이었다. 그런데 이도와 비슷한 조각
이 백자, 분청사기 계열의 사금파리와 함께 출토되는 것을 직접 보면 감
회가 새롭다. 이런 걸 두고 백문이불여일견이라 하는 것일 게다.

두동리를 마지막으로 이번 가마터 순례는 끝나고 부산으로 들어왔다. 오
늘은 모처럼 이른 시간에 여장을 풀 수가 있었다. 한국식 여관도 큰 불편함
은 없지만, 그래도 오랜만에 서양식 호텔에 들어오니 보다 마음이 푸근했
다. 저녁식사는 서울 고미술협회 고문인 공창호 씨가 대접한다고 했다.

－ 매일 버스에서 빵을 먹거나 점심을 제대로 챙겨먹지 못하면서도 매
우 열심히 한국의 도자기에 대해서 공부한 사람들입니다.

안내를 한 송 씨가 공 씨에게 그렇게 말하자

－ 그것이 애처로워 보였기 때문에 오늘 마지막 밤에 대접을 하고 싶었어요.

공 씨가 웃으면서 그렇게 답했다고 한다.

사실 돌아보면 이번 여행은 매우 빡빡한 일정이었다. 먹는 것으로만 치면 가난한 여행을 한 것 같기도 했다. 뒤늦은 감이 있지만 '금강산도 식후경'이라고 생각하며, 염치불구하고 감사히 초대를 받았다. 익숙한 요리가 나왔다. 오래간만의 일본 요리이기도 했지만 바다에서 갓 잡아 올린 재료의 신선함이 느껴지는 요리였다. 돔과 사요리, 문어회는 말할 필요도 없었고, 생선조림이나 생선구이로 모처럼 호사를 누렸다. 결국 과식에다 과음으로 마무리하고 말았다.

일곱 째, 마지막 날

집으로 돌아가는 날이다. 여행을 하다보면 늘 느끼듯이 지나간 시간은 순식간이다. 지난 일주일도 그랬다. 짧았지만 한국의 여러 가마터와 미술관을 돌아본 시간은 행복했다. 그러면서도 아직 해명되지 않는 사실들이 너무나 많다는 것을 동시에 느꼈다. 찻사발을 비롯한 다도구는 이미 내 삶의 큰 부분을 차지하고 있다. 그런 맥락으로 보면, 이러한 여행은 앞으로도 계속될 수밖에 없는 것이다. 숙명이라고까지 말한다면 너무 거창하겠지만.

아침에는 느지막이 호텔을 나와 거리의 서점에 들렀다. 우리는 한국 지도를 비롯해 제각기 구미에 당기는 책들을 골랐다. 이번 여행에서는 구입한 것 외에도 가는 곳마다 챙겨 주시는 도록과 보고서 때문에 짐이 넘쳐났다. 그래도 책에 대한 욕심은 끝이 없나 보다. 언젠가 도움이 될 거라 다독이며 무거워 허덕이면서도 기쁜 마음으로 공항으로 향했다.

이도다완의 고향을 찾아서

어느 가을, 산청에서 진주로 가는 길이었다. 한반도의 남부는 위도 상일본과 그다지 차이가 없고 풍경도 매우 흡사하다. 길가에 흔들리는 코스모스, 시골집 마당에 빨간 홍시를 다닥다닥 붙이고 선 감나무, 강둑에는 바람에 휘날리는 억새꽃, 마치 일본의 농촌마을을 달리는 착각을 불러일으킬 정도로 닮았다.

그날 아침은 도예가 민영기 선생의 가마가 있는 산청을 방문하고 돌아오는 길이다. 민 선생은 저번 한국을 방문했을 때, 가마터를 안내해 주었고 호텔에 함께 묵으면서 도자기 이야기로 꽃을 피운 적이 있었다. 이번에는 민 선생 집 근처에서 사금파리가 대량으로 출토된다는 것과 오랜 기간에 걸쳐 수집한 사금파리가 많다는 것이 우리를 유혹했다.

사금파리들은 민 선생의 집 근처 도로공사 중에 발견되었는데 방목리放牧里가마의 것이라 한다. 대개의 조선반도 남부 가마처럼 15세기 말부

길성吉星 대이도

이도다완井戸茶碗 銘 연암燕庵

터 16세기에 걸쳐 생산하고 있던 가마인데, 사금파리는 일본에서 말하는 고비키와 그로부터 발전되었다고 생각하는 조질백자가 중심이었다. 전 부분을 바깥을 향해 펼쳐 놓은 소바다완풍의 사금파리도 있었다. 또한 민 선생은 창원 두동리에서 2년 동안 수집한 많은 사금파리를 보여주었는데, 그 가운데에는 이른바 가이라기가 굽 주변에 붙어 있는 것도 있고, 토킹兜巾-굽 안쪽에 팽이처럼 뾰족하게 튀어나온 부분-, 물레선, 안 바닥 처리 등, 흔히 말하는 '이도다완의 약속'을 갖춘 사금파리들이 많이 있었다. 그때 민 선생으로부터 이런 저런 이야기를 들었다.

 – 이도다완의 볼거리 중 하나로 꼽히는 비파색은 구운 직후의 색깔이 아니라 사용하는 동안 변화한 결과 아닐까.

 – 남부의 몇몇 가마에서 가이라기가 있는 사금파리를 볼 수 있지만 이도다완과는 태토가 다르다.

 – 20년간 두동리를 다녔지만 명물 이도다완과 꼭 같은 사금파리는 발견할 수 없었다. 하지만 이도의 분위기는 분명히 있었다.

 등등의 이야기가 인상적이었다. 민 선생은 이도다완 재현에 도전하고 있는데 최근 일본에서 열린 개인전에서 좋은 평을 얻었다고 한다.

 진주에서 고속도로로 진입해 마산과 진해로 들어갔다. 진해 해군기지 감시대에는 총을 멘 병사가 사방을 경계하고 있었는데, 일본의 자위대 기지와는 비교가 안 될 긴장감이 감돌고 있었다. 차는 웅천에서 멈췄고 웅천성 유적을 견학했다. 이 성은 일본군이 다시 조선을 침략했던 정유재란(1597) 때, 일본군 장수 중 하나인 고니시유키나가가 쌓은 것으로 알려졌다. 어제는 역시 고니시가 임진왜란(1592) 때 쌓은 순천의 성터를 견학했었다.

 순천성은 해안에 인접한 제법 높은 산의 꼭대기를 평평하게 골라 상당한 넓이의 평지를 조성했는데, 돌담도 당시의 모습이 잘 남아 있었다.

그에 비하면 웅천성터는 돌담만 약간 남아 있을 뿐, 성터라고 믿기 힘들 정도로 작았으며, 게다가 시가지로 편입되어 있기 때문에 어지간히 주의를 기울이지 않으면 그냥 지나치고 말 것 같았다.

두동리 가마터에서 본 사금파리들

　주로 운전기사들이 잘 이용한다는 기사식당에서 점심식사를 한 뒤, 전에도 들렀던 두동리 가마터로 향했다. 두동리는 식당에서 불과 15분 거리에 있었는데, 마을 입구에는 안내를 맡은 윤용이 선생과 마을 사람들이 무엇 때문인지는 몰라도 언성을 높이고 있었다. 가마터에 가더라도 많은 사람이 들락거리며 사금파리를 주워 가 버려 별로 남은 게 없다는 내용이었다. 마을 사람들은 이방인들을 몹시 경계하는 듯 했다.

　도중에 차에서 내려 산속으로 제법 걸어 들어갔지만 가마터는 좀처럼 보이지 않았다. 이 일대는 소나무 같은 침엽수와 졸참나무 등 활엽수가 혼재하는 자연림이었고, 여러 가지 크고 작은 나무와 잡초가 우거져 길을 잡는 게 무척 어려웠다. 하지만 윤 선생은 얼마나 잘 빠져 나가는지 금세 우리와의 거리를 벌이곤 했다. 그럴 때마다 큰 소리로 선생을 불러야 했고, 응답하는 소리로 선생의 위치를 확인하면서 따라갈 수밖에 없었다. 천신만고 끝에 가마터에 도착했을 때, 우리는 그야말로 땀으로 목욕을 했고 숨이 끊어질 듯 가빴다. 우린 그렇게 만신창이가 되었는데도 윤 선생은 숨 하나 흐트러뜨리지 않고 시치미를 떼고(?) 있었다. 한국의 가마터는 가보지 않은 데가 없을 정도라고 말씀했는데, 실제로 그랬을

신정희申正熙 대이도

나카무라코헤이中村康平 이도다완井戶茶碗

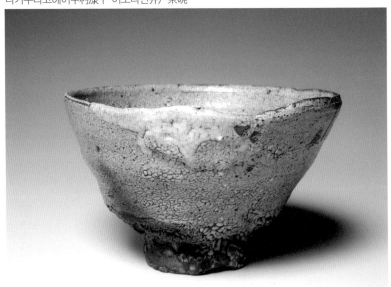

거라는 걸 보지 않아도 느낄 수 있었다.

가마터에서 몇 개의 사금파리들을 면밀하게 관찰할 수 있었다. 그중에는 이도다완 그 자체라 할 수는 없지만 이도의 분위기를 갖고 있는 것도 여럿 있었다. 민 선생의 이야기와 윤 선생의 설명, 민 선생의 수집 사금파리, 그리고 우리가 현지에서 직접 본 사금파리의 모습을 종합하면, 이도다완은 이 근처에서 생산된 것은 거의 틀림없을 것 같았다. 다만 고이도小井戶, 아오이도靑井戶, 이도와케井戶脇마저도 이 주위에서 생산했다고 단정할 수는 없을 것 같다. 다른 가마터에서도 가이라기가 붙은 사금파리를 볼 수 있기 때문이며, 그들 중에는 다른 지역의 가마, 예를 들어 하동 백련리白蓮里 등에서 생산된 것도 있을 것 같았다.

이 가마터는 도자기를 운반할 수 있는 강을 끼고 있지 않기 때문에 말이나 소를 이용해 웅천 인근의 바다까지 운반한 뒤, 배를 이용하여 목적지까지 실어 날랐던 것 같다. 이렇게 산 중턱에 가마를 만들지 않았다면 이렇게 진땀을 빼지 않아도 좋았을 거라고 실없는 생각을 해 보지만, 역시 도자기는 흙이나 연료 등이 가마의 위치를 정하는 것 같다.

고려다완의 종류 중에 웅천熊川을 '고모가이'라고 읽는 한 무리의 다완이 있다. 전 부분이 바깥으로 휘어졌고, 가가미라 불리는 미코미-안쪽 밑 부분-가 있으며, 굽이 비교적 높은 것이 특징이다. 그런데 이곳 두동리에서는 이와 비슷한 사금파리를 볼 수 없었고, 뒤에 서울 고미술점에서 고모가이와 똑같은 형태의 백자다완을 본 적이 있었다. 어느 지방의 것이냐고 물었더니 김해 근방이라고 했다. 그러고 보니 저번이나 이번이나 김해다완과 비슷한, 혹은 그 분위기를 갖고 있는 것을 보지 못했다. 이런 경험을 통해서 고려다완에 대해서 모르는 사실이 너무 많다는 것을 절실히 깨닫게 된다.

어본다완御本茶碗을 만들었던 가마
- 법기리 가마法基里窯

오래 전 일이 되어 버렸지만, 각지의 미술관에 근무하는 학예원이나 도예가들이 한국의 가마터를 조사했던 일이 있었다. 이후 매년 한 번 이상은 한국을 방문해 주로 남부의 가마터 발굴 조사를 계속했고, 그 성과를 2003년 가와라 출판사에서 《고려다완 논고와 자료》라는 책으로 낼 수 있었다. 그 책을 출판했을 당시에는 그것으로 한국의 가마터 발굴 조사는 일단락됐다는 기분이 들었고, 그런 일로 한국을 방문하는 일도 없을 거라 생각했다. 하지만 여전히 한국을 방문하고 있으며, 어떤 해에는 몇 번씩 찾고 있다. 단지 예전과 같이 가마터 조사 일변도가 아니라 본래의 전문 영역인 차문화를 연구한다는 목적이 추가되었다.

그러는 가운데 고명한 도예가인 고 신정희 선생의 장남으로 아버지의 유업을 이어 도자기를 빚으며, 고려다완 연구를 하고 있는 신한균 사기장을 만나게 되었다. 고 신정희 선생은 한국에서 이도다완을 비롯한 고

려다완을 처음으로
재현한 인물이다.
어느 날 신 사기장
에게서 연락이 있었
다.

법기리 가마터

　- 선생님, 어느
가마에서 어본다완
御本茶碗-17~18세기에
걸쳐 일본에서 디자인하
여 주문하고 조선에서
생산했던 찻사발-과 유사한 것이 출토됩니다.

　연락을 받자마자 한국으로 건너 와 신 선생 안내로 그 옛 가마터를 찾
았다. 양산 법기리 가마터였다. 거기엔 지금까지 조사한 가마터에서 출
토된 것과는 확실히 다른 사금파리들이 많았다.

　나는 지금까지 일본에 전해오는 고려다완의 대부분이 왜관가마에서
생산된 것이며, 특히 어본御本이라 불리는 종류나, 가타미가와리 이라보
片身替伊羅保나 기이라보黃伊羅保 등은 왜관가마에서 생산된 것이라고 생
각해 왔다. 그동안 50여 곳의 가마터를 조사한 결과로 내린 판단이었다.
미시마와 하케메, 혹은 이도나 가타테堅手 등과 같은 16세기 차회기에 등
장하는 고려다완과 비슷한 사금파리는 확인되었지만, 17세기 이후부터
문헌에 나타나 지금까지 전해오는 고려다완과 유사한 것은 전무하다 해
도 좋을 정도로 볼 수가 없었기 때문이다.

　거기에다 이즈미조이치泉澄一 선생이 종가宗家-소케. 대대로 쓰시마번을 다
스리던 소씨 가문- 문서를 꼼꼼히 조사하고 왜관가마의 생산상황을 밝혔기

법기리에서 발견한 굽 사금파리와 비슷한 형을 지닌 다완

때문이었다. 왜관가마에서는 주로 17세 후반부터 18세기 전반에 걸친 50
년 정도 사이에 대량의 다완을 생산했고, 대부분이 일본으로 건너왔는데
쓰시마를 비롯해 에도나 오사카, 교토까지 널리 유통되었다고 한다.

17세기 전반에는 도요토미히데요시의 조선 침공 후 국교가 단절되어
있었고, 그것이 회복된 것은 1609년 기유약조가 체결된 이후가 된다. 비
록 일부의 가마로부터 일본에 건너갈 그릇이 생산되었다고 추정하더라
도 종류나 수량은 대단치 못했을 것이다.

그런데 신 선생이 안내해 준 가마터에는 지금까지 조사했던 가마터에
서는 일찍이 보지 못한 여러 종류의 사금파리들이 나뒹굴고 있었는데,
대부분이 일본에 전해져 온 고려다완과 유사한 사실을 알았다. 대단히
놀라운 일이었는데, 지금까지의 생각을 대폭 수정하지 않으면 안 될 거
라는 예감이 들었다.

찻사발로 생각되는 어떤 굽 부분 사금파리를 보면, 굽은 분명히 고키
다완吳器茶碗으로 보이는데, 적어도 지금까지 조사된 다른 가마터에서는
보지 못 한 것도 보인다.

법기리 가마에서 생산했을 것으로 추정되는 다완과 유사한 굽 사금파리

또한, 굽 내부에 달팽이 모양의 커다란 우즈마끼渦卷き가 나타나는데, 이것은 구기보리이라보釘彫伊羅保 외에 겐에쓰다완玄悅茶碗이라 부르는 어본다완에서 흔히 볼 수 있는 굽 내부 처리 방법이다. 이런 방법은 다른 가마터에서도 볼 수 있지만, 이렇게 굵고 깊게 깎아 낸 것은 본 적이 없었다. 어떤 것은 굽을 원형으로 처리하지 않고 다리처럼 만들었는데 와리고다이割高台보다는 훨씬 제작의도가 강한 굽 처리 방법으로 이 역시 지금까지 본 적이 없었다.

이런 몇 가지만으로도 이 가마터가 일본에서 말하는 고려다완에 있어서 중요한 의미를 갖는 것은 분명했다. 하지만 이들 정식발굴이 아닌 지표조사로 수집한 조각들만으로는 가마의 성격과 생산한 도자기의 종류, 일본과의 관계 등에 대해서는 아직 확신할 수 없으며, 추정에 머무르고 있는 실정이다.

차 한 잔!
내가 고른 노무라미술관 소장 조선 명품다완 10선. 3

어본입학다완御本立鶴茶碗
- 조선시대 17세기
- 입지름: 11.9~12.4cm, 굽지름: 6.2cm, 높이: 9.9cm, 무게: 375.6g

이것은 도쿠가와 3대 쇼군이었던 도쿠가와이에미츠德川家光가 학 그림을 그리고, 고보리엔슈가 조선에 주문하여 만들었다고 전해지는 다완이다. 어쨌거나 부산 근방의 어본요나 두모포 왜관요에서 만든 것으로 추정하고 있다. 어본다완을 대표하는 것으로 예로부터 명성이 자자했으며, 일본 각지의 가마나 도공이 이것을 모사하고 있다.

몸체에 학이 상감되어 있으며 원통형에 전두리가 약간 벌어져 있다. 굽은 낮으면서도 크고, 세 군데 도려내었다. 안과 밖 곳곳에 '어본' 특유의 붉은색이 드러난다.

차회기에 처음 등장하는 것은 1787년으로 비교적 늦은 편이다.

고키다완吳器茶碗　銘　소와고키宗和吳器

– 조선시대 16세기

– 입지름: 13.1~15.0cm, 굽지름: 6.5cm, 높이: 8.7~9.4cm,

　무게: 393.8g

에도시대 유명한 차인이었던 가나모리소와金森宗和의 차회기에는 고려다완이 자주 등장하는데 이것도 그 중의 하나다. 이 다완은 소와가 소장했었고 상자의 글씨도 그가 썼다고 전해지기에 '소와고키'란 이름이 붙었다.

고키다완은 모양이 크고 내부가 깊으며, 키가 큰 다완인데 여러 종류로 나눈다. 아이도쿠지, 모미지, 기리, 반슈, 아마고키가 그것인데, 그 중 단풍잎처럼 붉은색을 띠는 것을 모미지紅葉다완이라 한다. 색은 약하게 띠는 것에서부터 강하게 띠는 것에 이르기까지 다양하다. 이것은 강하지도 않고, 약하지도 않는 발색으로 사랑받는 다완이다.

이 다완은 일본 다도에 아주 잘 어울린다는 평가를 받고 있다. 차회기에 처음 등장하는 것은 1688년이다.

중국

차의 역사, 삼천년인가, 오천년인가
─전라산田螺山유적

지금까지 차나무의 기원에 대한 유력한 주장은 네덜란드 사람인 코헨 스튜어트가 주창한 이원설이었다. 온대지방에 자라는 소엽종인 중국종과 열대지방의 대엽종인 앗사무종이 그것이다. 그러나 일본 메이조 대학의 하시모토미노루橋本實는 세계 각지에 분포하는 차의 형태에 대해 군집 분석을 근거로 하여, 중국의 쓰촨성 또는 윈난성 주위가 차나무 원산지일 거라는 유력한 추론을 제시했다. 그리하여 지금은 하시모토의 주장을 기본으로 하고, 거기에 구이저우성을 더한 중국 서남부가 원산지라는 일원설이 대세를 차지하게 되었다.

사실 이 지역에는 수령이 엄청나다고 추정되는 크고 오래된 차나무─이하 노거차수老巨茶樹라 함─가 많이 발견되고 있으며, 마쓰시타사토시松下智, 모리야쓰요시森谷毅, 누노메조후布目潮渢 등은 현지 조사를 벌인 결과를 소개하여 일본에도 노거차수의 존재가 알려지게 되었다

마쓰시타는 《중국의 차 -그 종류와 특성》이나 《티 로드 - 일본차가 걸어 온 길》 등에서 중국의 차나무나 음용, 습속, 차를 만드는 법 등에 대해 자세히 소개하고 있는데, 쓰촨성 이빈현에 있는 높이 33미터, 직경 1.3미터나 되는 거대한 차나무도 소개하고 있다.

모리야는 《차의 길》에서 윈난성 남수산의 노거차수를 소개한 다음, 야생에 자라고 있는 노거차수의 대다수가 사실은 '인공 재배한 차나무'라는 현지 사람들의 이야기를 인용하고 있는데, 그들의 말은 적어도 시상반나-윈난성 남동부 지역-에 관한 한 신빙성이 있다는 것이다.

또 누노메는 《록아綠芽 10편》에서 25그루의 오래된 차나무를 '중국 야생 노거차수 일람표'로 소개하였으며, 실제로 보았던 남수산의 차나무를 동행했던 하야시야신이치로林屋新一郎 부부가 차나무를 안고 있는 사진으로 보여주었다. 또 동행했던 사람 중에 '남수산의 차나무들이 거의 같은 간격으로 분포되어 있는 것으로 보아 야생이 아닌 재배종일 것'이라는 의견을 내놓은 하시모토 씨의 견해를 인용하기도 했다.

모리야나 누노메가 관심을 기울이고 있는 이들 차나무가 재배종이냐 야생종이냐의 문제는, 중국에서도 관심을 가지고 연구를 진행했다. 그 결과 지금은 노거차수를 야생형, 과도기형, 재배형으로 분류하고, 새로운 차나무가 발견되면 전국에서 전문가가 모여 검토회를 열게 되었다. 현장에서 차나무를 조사하고 각 분야에서 검토를 거듭해 앞의 세 가지 타입 중 어느 것에 해당하는지 결정하는 시스템이 완성되고 있다. 일례로 내가 견학한 호와이의 노거차수는 발견으로부터 반년 후에 열린 검토회에서 과도기형으로 판정되었다.

앞서 소개한 누노메의 저서에 소개된 25개의 차나무 중 높이 10m를 넘는 것은 11그루지만, 그 후에도 속속 큰 차나무가 발견되고 있으며,

《중국 보이차문화 연구》에 게재된 각 논문에서 소개되고 있는 노거차수를 합하면 수십 그루가 된다. 그것들이 위에서 말한 검토회에서 야생형인지, 재배형 또는 과도기형인지를 판정하고 있는데, 존재만 알려져 있을 뿐 아직 검토회 판정을 받지 않은 것도 상당수 있을 것이다.

마쓰시타가 소개한 것처럼 윈난성 이외의 지역에서도 크고 오래된 차나무가 발견되고 있다. 따라서 윈난성은 당연하지만 중국의 다른 지역이나 인도의 아셈 지방, 미얀마, 베트남 등 인접한 나라에 대해서도 면밀한 조사가 필요할 것이다.

최근 저장성에서 전라산田螺山 유적이 발견되었고, 그곳에서 발굴된 식물의 뿌리가 차나무로 추정된다는 보고 때문에 중국이나 일본 언론에서 바짝 긴장한 적이 있다. 전라산 유적은 오래전부터 널리 알려진 하모도河姆渡 유적에서 가까워 그 문화권에 속해 있었을 것이라는 주장도 있지만, 하모도 유적보다는 보다 가까운 시기인 지금부터 약 5천 년 전의 유적으로 보고 있다. 만약 그 추정이 옳고 또 출토된 식물의 뿌리가 차나무라면, 인류가 찻잎을 이용하게 된 것이 약 3천 년 전부터라는 기존의 정설은 수정되어야 할 것이다.

지금 전라산 유적은 돔으로 덮어 보호하고 있지만 언제라도 볼 수 있다. 돔의 크기는 야구장이나 축구장 한 개 정도이며, 조사한 지역 중 이색적인 물질이 출토된 주요 부분을 보존 대상으로 하고 있다. 견학하는 사람들은 유적 속에 만들어진 통로를 따라 나무 열매가 대량으로 발견된 곳, 말뚝을 다수 볼 수 있는 곳, 뚫어놓은 구멍 등을 볼 수 있다. 이 유적에서는 석기나 짐승 뼈, 물고기 뼈, 식물의 종자 등이 발견되고 있는 것으로 미루어, 이때에 수렵채취만 아니라 농업이나 어업이 행해지고 있었다고 추정할 수 있다.

문제의 차나무로 보도된 식물의 뿌리는 돔과 함께 지어놓은 연구소에 보관하고 있었다. 이런 방면에 문외한인 나는 식물의 뿌리처럼 생긴 그것을 아무리 보아도 판단할 수 없지만, 만약 이것이 차나무라면 차문화 역사에서 획기적인 사건으로 기록될 것이다.

　　그런데 이 식물의 뿌리 샘플이 일본에 보내져 DNA감정을 받았지만, 아쉽게도 샘플의 상태가 좋지 않아 분명한 판단을 내릴 수 없었다고 한다. 때문에 그 뿌리가 차나무의 것인지 아닌지는 여전히 불분명한 상태로 남아 있다.

징마이촌景邁村의 오래된 차나무 밭

중국 윈난성 쓰마오思茅 공항 비행기 트랩을 내린 우리를 기다린 것은, 민족 고유의상으로 분장한 토박이 주민들과 그들의 토속음악이었다. 곧이어 준비된 마이크로 버스에 분승한 우리 일행은 경찰차의 경호(?)를 받으며 곧바로 목적지인 쓰마오로 향했다.

이번에는 보이 지역에서 거행되는 중국 보이차엽절에 초대되어 왔는데, 쓰마오 지역은 최근 자주 마시게 된 보이차의 고향인 동시에, 중국뿐만 아니라 세계적인 차의 고향으로 알려진 곳이기도 하다. 지금은 쓰마오 지역이 중심지이지만, 옛날에는 조금 북쪽에 있는 보이라는 지역이 차의 집산지였다. 그러다가 보이차라는 이름이 세계적인 명성을 얻게 되자 도시의 이름을 보이시로 바꾸었다고 한다.

이 지역은 중국 내에서 경제적으로 뒤처지는 쪽에 속해 있으며, 차를 발판으로 삼아 부유한 도시로 발돋움 하려고 필사적인 노력을 하고 있

징마이촌에서 마셨던 보이차

다. 따라서 이곳에서 개최되는 중국 보이차엽절에는 심포지엄 등 학문적인 행사도 예정되어 있었고, 그 핵심은 '경제 교류'에 있는 듯한 이미지를 지울 수 없었다.

호텔에 도착해 짐을 풀기도 전에 곧바로 환영 만찬에 참석했다. 음식은 물론 윈난 요리였는데, 입맛에 맞는 요리도 있었지만 전반적으로 맛이 강했고, 아예 손이 가지 않는 요리도 있었다. 예상을 뒤엎었다고 할까, 피곤해서 그랬던 것일까, 그 흔한 건배 세례가 없었던 식사였다.

다음날 아침 체육관에서 개막식이 있었는데, 조직위원회나 행정부 관계자들의 인사말이 길게 이어지는 것은 세계 어디를 가나 비슷한 풍경이었다. 하지만 생각보다는 빨리 끝나고, 현지의 초 중 고교생들이 펼치는 매스 게임을 관람했다. 소수 민족들의 차 풍습에서 소재를 취한 공연이 있는데, 각양각색의 민족의상을 입고 연기했던 것이 인상적이었고, 특히 혼신을 다해 연기하던 초등학생들을 잊을 수 없다.

오후에는 차예 표연을 감상했다. 차예 표연은 프로 가무단 사람들이 소수 민족의 차 풍속을 보여는 것인데, 실제로 차를 마시게 해 주는 프로그램이었다. 그들이 보여준 밤부 댄스는 우리도 함께 추었는데, 알고 보면 단순한 네 박자인데도 생각처럼 잘 되지 않았다. 마지막에는 참가한 모든 사람들이 손을 잡고 춤을 추며 즐거운 시간을 가졌다.

저녁 식사 후에 열린 문예 표연도 주된 메뉴는 노래와 춤이었다. 이 또한 가무단 사람들의 연기로 보여주었는데 말을 몰라도 대략적인 분위기는 쉽게 전해졌다. 이 지방의 주요 산업인 차 생산에 종사하는 사람들은 가혹한 노동에 시달렸을 것이고, 그 피로를 풀거나 치유하기 위해 노동요를 지어 부르고 춤을 추었을 것이다. 또 젊은 남녀의 사랑을 노래에 담는 것은 만국 공통이지만, 화려한 색채의 민족의상이나 민속악기에서 울려나오는 독특한 선율은 비록 잠시였지만 다른 세계에 온 듯한 착각을 불러 일으켰다.

내일은 아침 8시에 버스를 타고 노거차수원 견학을 간다고 했다. 하지만 목적지가 워낙 멀어 그 곳에서 하룻밤 묵어야 하며, 숙소가 그 곳 소수 민족의 집이니까 세면도구 등을 지참해야 한다는 조직 위원회의 전달 사항이 있었다. 행선지는 윈난성 중에서도 남쪽 끝에 있는데, 미얀마와의 국경 근처라고 했다.

다음날, 우리를 실은 마이크로 버스는 처음에는 순조롭게 달렸는데, 쓰마오를 벗어나자마자 덜커덕거리고 심하게 흔들리기 시작했다. 밖으로 내다보니 아스팔트 도로가 아니라 돌을 깔아 놓은 도로였다. 이런 도로는 유럽 도시에서도 흔히 볼 수 있지만 그것보다 훨씬 조잡하고 요철이 심했다. 그 때문에 차의 흔들림이 무척 심했다. 그런 도로를 5시간 가까이 달려 도착한 마을이 란창瀾滄이란 곳이었다. 뒤따르던 차가 도중에서 멈추어 버렸다고 하여 이곳에서 점심식사를 하며 기다리게 되었다.

식사가 끝날 즈음에 후속 차량이 막 도착했다. 그런 이유로 3시 가까이 되어서야 출발하게 되었다. 1시간 정도 달렸을까 후이민향惠民鄕이라는 곳을 통과할 때였다. 갑자기 앞에서 커다란 폭죽 소리가 들려 창문으로 내다보니 제법 많은 사람들이 모여 있었다. 무슨 일인가 궁금해 하는데 놀랍게도 우리를 환영하는 의식이란다. 고유의상으로 치장한 아가씨들이 길 양쪽에 늘어서 있었다. 언제 올지도 모르고 게다가 잠깐 지나쳐 가는 손님을 위해서 이렇게까지 준비할 줄은 몰랐기에 감격보다는 실은 놀라움이 앞섰다.

후이민향을 지나자 길은 더욱 좁아졌고 거기에다 붉은 먼지 흙까지 날아올랐으며, 흔들림은 아까보다 훨씬 심했다. 먼지 때문에 창문을 꽉 닫아 놓았지만 창문 틈새로 흙먼지가 새어 들어왔다. 금세 눈이 매워지고 입 안이 까칠해졌다. 게다가 오르막길에는 에어컨을 가동할 수 없으니 차안 온도는 금세 30℃를 넘어서고 온몸은 땀으로 흠뻑 젖어버렸다. 수건으로 땀을 닦아내자 얼굴에 들러붙었던 흙먼지 때문에 수건이 붉게 변했으며, 콧구멍 속에도 붉은 먼지투성이였다. 다시는 들어가고 싶지 않은 한증막 같았다고나 할까. 이런 길을 1시간 반 정도 달려서야 겨우 목적지인 징마이촌景邁村에 도착했다.

버스에서 내리니 이런 시골에서는 상상하기 어려울 정도로 많은 사람들이 모여 있다가 우리를 에워쌌다. 선명한 색상의 민족의상을 입은 아이들, 아가씨들에다가 잘 차려입고 짙게 화장을 한 아줌마들도 있었다. 그들과 비교했을 때 남자들은 상대적으로 생기가 없어보였다.

'여기도 벌써 남성들이 여성 파워에 압도당했을까.'

그런지는 모르겠지만 어쩐지 남의 일 같지가 않아 씁쓰레한 웃음이 일었다.

이곳 징마이촌은 오늘이 전통적인 불교 축제의 날이라고 하는 것 같았다. 거기에다 좀처럼 보기 힘든 미국인이나 일본인, 윈난성의 TV방송국에서까지 왔으니 좋은 구경거리가 늘린 셈이었다.

오래된 차나무

어리둥절해 있는 우리들을 노거차수원으로 안내해 준 사람은 하사화何仕華 선생이었다. 하 선생은 오랫동안 산을 돌아다니면서 많은 차나무를 발견했으며, 노거차수의 생태에 대해서 매우 밝았다. 선생의 안내로 노거차수원을 돌아보았는데 우리가 대략 생각했던 이미지와는 달리 숲속에 차나무들이 여기저기 흩어져 있었다. 대개가 2, 3m 정도인 교목이었지만 4, 5m 되는 것도 있었다. 모두 수령이 500년부터 800년 정도라고 한다. 확실히 '자연 차나무박물관'이라는 이름에 걸맞았고, 차의 고향이라는 원난다운 멋진 경관이었다. 아직도 해마다 새싹이 돋으면 차로 생산하고 있다는 말을 들었을 때는 묘한 감동이 밀려왔다.

노거차수원 견학이 끝나고 안내하는 데로 따라가니 동네 빈터에 소박한 접대자리가 마련되어 있었다. 거기에는 알 수 없는 잎으로 말아 놓은 음식이 많이 놓여 있었다. 꼬치에 꿴 고기 같은 것이 언뜻 보이기도 했다. 그곳에서 '백가반'이라고 부르는 것인데, 이 지방에서 귀한 손님을 환영하고 접대하는 음식이라고 한다. 즉, 각 가정에서 정성을 다해 만든 음식들을 모은 다음, 바나나 잎으로 쌈을 만든 것이다. 바나나 잎 속에는 닭요리, 고기나 채소요리, 달걀요리 등 다양한 음식이 들어있었다. 열어 보기 전에는 뭐가 들어 있는지 모른다는 점이 호기심을 불러일으키고 또한 즐거움을 주었다. 단오날 먹는 떡처럼 찹쌀을 대나무 잎으로 말아 찐 일본의 치마끼 같은 것도 있고, 떡 자체를 말아 놓은 것도 있었다. 이곳 차밭에서 채취한 차를 대나무통으로 마시면서 먹었던 백가반 맛은 영원히 잊지 못할 것이다.

식사가 끝나자 마을에 단 하나 있는 사찰 앞 광장으로 안내했다. 전등 줄을 팽팽히 걸어놓고 알전구를 매단 다음, 여기서도 가무단의 민족 무용을 선 보였다. 단원들은 모두 전업이라 했으며, 남녀 할 것 없이 모두 젊고 아름다웠다.

– 일본에서 오신 손님 나오세요.

노래와 춤을 보고 있는데 느닷없이 우릴 지목했다. 일본에서 동행한 세 사람과 통역을 맡고 있으며 일본에서 오랫동안 유학하고 있는 등군滕軍 박사 등 네 명은 영문도 모른 채 사람들 앞으로 나갔다.

– 노래를 불러 주세요.

뜬금없는 요구에 당황스러웠지만 거절할 분위기가 아니었다. 우린 할 수 없이 춤을 곁들여 '스미다 강'을 합창했는데, 어설픈 노래나 동작이었겠지만 분위기를 북돋우는 데는 한 몫 한 것 같았다. 이어서 미국인과 대만인들도 차례로 불려나가 각기 고향의 노래를 부르지 않으면 안 되었다.

어느 집 정원에 있는 커다란 차나무

가무가 끝나자 이번에는 마을 사람들이 만든 불꽃을 쏘아 올리기 시작했다. 절 지붕보다 높게 불티가 날아오르는 모양이 장관이었다. 일 년에 한 번 불꽃에 쏟는 마을 사람들의 집념과 기상을 느낄 수 있었다. 불꽃은 때로는 높게 때로는 낮게 아주 오랜 시간 날아올랐다. 밤하늘을 수놓은 불꽃을 바라보면서 모두들 하늘을 나는 듯한 기분에 빠졌을 것이다. 밤이 깊어가는 줄 모르고 흥겨워하다가 숙소로 갈 때는 모두가 아쉬워했다. 숙소는 마을에 있는 집 가운데 하나였다.

이 마을은 타이족이라는 이유 때문인지, 지붕의 형태가 중국인의 대다수를 차지하는 한족의 그것 보다는 사진이나 영화에서 본 적이 있는 태국이나 그 주변의 것과 닮아 있었다. 중국에는 오십 개가 넘는 소수 민족이 중앙 정부로부터 인정받고 있는데, 윈난성에는 그 중 스무 개 정도의 부족들이 흩어져 생활하고 있다. 이 일대에는 타이족 외에도 아이니족, 와족, 라후족 등이 살고 있다고 했다.

타이족은 태국 사람과 인종적으로는 같지만 언어는 약간 다른 것 같았다. 요즘은 의무 교육이 보급되어 젊은 사람들은 베이징어를 배운다지만 나이가 든 사람들은 예외였다. 때문에 안내를 하는 등군 박사도 노인의 말을 알아듣지 못해 당황하기도 했다.

징마이촌의 시간은 느릿하게 흐르는 듯 했다. 천 년이나 2천 년 전을 알 수는 없지만 그때에 가까운 성질을 지닌 것은 틀림없을 것이다. 그것은 일찍이 우리도 공유하고 있던 시간이었지만, 어느덧 그런 시간을 가지고 있었다는 사실조차 알 지 못하는 세대가 되어가고 있는 듯한 아쉬움을 갖게 한 경험이었다.

중국 관영 다원茶園 '북원北苑'을 찾아서

중국 송나라 때, 북원北苑이라는 관영 다원들이 존재했다는 것은 웅번의 《선화북원공차록》, 조여려의 《북원별록》 등의 서적을 통해 막연히 알고 있었지만, 이번에 그 북원의 흔적이 발굴돼 많은 유물이 출토되었다고 해서 그 곳을 찾기로 했다.

조여려의 《북원별록》의 첫머리를 살펴보자.

'건안 동쪽 30리에 봉황산이 있다. 그 산기슭이 북원 주변이며, 곁으로 여러 제다장이 연이어 있다. 토질은 붉고 부드러웠으며 차의 품질은 최상급이다. 태평흥국(976~984)연간에 처음으로 진상차원이 되었고, 매년 용봉의 모양을 찍어 황제에게 진상했다. 그것은 일반적인 상품과는 차별화된 진기한 물건이었음을 나타낸다' (나카무라다카시中村喬 번역)

북원 흔적은 건
안, 즉 지금의 푸젠
성 북부에 위치한
젠어우 현에 있다.
우리 일행은 푸젠성
중부에 있는 가마터
견학을 한 뒤, 난핑
이라는 도시의 호텔
에 여장을 풀고, 다
음날 북원 유적을

봉황산

돌아보기로 했다. 다음날 아침 9시에 난핑을 출발해 흔들리는 마이크로
버스를 타고 약 1시간 반 만에 젠어우에 도착했다.

버스가 젠어우 영빈관에 들어가자 거기서 우리를 기다리고 있던 젠어
우박물관 장 관장과 젠어우시 관계자들의 환영을 받았다. 잠시 휴식한
뒤, 장 관장과 함께 북원 유적으로 향했다. 버스가 5분쯤 달려가자 시가
지를 벗어났고, 송계라는 강을 끼고 험한 산길을 가노라니 왼쪽으로 보
이는 강 건너에 나지막한 산이 모습을 드러냈다. 이것이 《북원별록》에
있는 봉황산인데, 봉황이 왼쪽으로 머리를 두고 날개를 크게 벌린 채 웅
크리고 있는 것처럼 보였다.

얼마 후, 버스는 닭이나 오리를 쫓으며 노는 아이들이 튀어나올 것 같
은 시골 마을에 도착했고, 거기서부터는 걸어서 가야했다. 이 지역의 행
정 구역은 '푸젠성 젠어우현 동봉진비교촌배전' 이라는 길고 복잡한 이
름이었다. 소요 시간은 버스로 시내의 호텔에서 약 20분, 거리로는 15㎞
전후였는데, 바로 《북원별록》에 기록된 그대로였다.

북원 차밭 풍경

　버스에서 내려 마을을 빠져나와 산으로 향하는 좁은 길로 접어들었
다. 산이라고 했지만 수백 미터 높이에 불과할 정도였다. 길옆에 흐르는
시냇물 소리가 음악처럼 들려왔고 산 중턱에서부터는 차밭이 펼쳐졌
다. 일본 차 명산지의 하나인 시가라키의 아사미야 주변과 흡사한 분위기였
다. 아침에 난핑 호텔을 출발할 때 짙은 안개가 끼어 있었지만 '아침 안
개는 맑음'이라는 등식은 중국도 마찬가지인 듯, 하늘은 구름 한 점 없
이 투명해 마치 나들이를 온 듯한 상쾌한 기분이었다.
　이 지역은 여름에도 안개가 자주 발생한다는데, 그것은 차의 생장에
무척 좋은 조건이다. 하지만 차가 잘 팔리지 않자 2년 전부터 차나무를
베어내기 시작했다고 한다. 대신 귤나무와 삼나무를 심어 차밭 면적이
좁아져 버렸지만, 지난날은 이 일대 몇 헥타르가 온통 차밭이었다고 한

유적지의 돌절구, 북원의 석각

다.

10분쯤 걸어갔을까 장관장이 앞에 있는 밭을 가리키면서 무언가 설명하고 있었다. 가까이 다가가 들어 보니 올해 이 근처를 발굴했는데, 돌을 깎아 타일을 깐 폭 4m 정도의 길이 드러났다는 것이다. 또한 와당이나 기와 등이 발견된 것으로 미루어 송대에는 이 근처에 상당히 중요한 건물이 있었던 것으로 추정된다는 취지였다. 발굴을 끝낸 후에는 유적 위에 비닐을 씌운 후 매립하여 원래의 밭으로 돌려놓았다고 했다.

거기서 수백 미터를 나아가니 산기슭에 약간 옴팍하지만 넓은 땅이 나타났는데, 중간에 커다란 사발처럼 생긴 것들이 널려 있었다. 발굴해 놓은 돌절구라 했다. 산기슭에는 돌로 정교하게 설치한 정원이 드러나 있었고, 근처에는 우물도 있었는데 송 · 원 · 명 시대의 건축 잔재로 확인되었다고 한다. 우물물은 지하에서 솟은 것이 아니라 산비탈 바위틈에서 흘러내리는 물을 끌어 모은 것이라 추측했다. 옆에 조성한 용봉지라는 연못까지 관을 설치하여 물을 끌어 왔다고 한다. 이곳과 앞에 언급한 옛길이 발견된 장소는 2차에 걸친 발굴 면적이 모두 합쳐도 약 6백 m²로 의외로 좁았다.

우물 있던 자리에서 산으로 십 여 분을 들어가니 산 중턱에 새 건물이 보였다. 북원의 사적을 새겨 넣은 석각을 덮개로 한 집이다. 총 80개 문자가 새겨진 이 커다란 바위는 예로부터 현지 사람들에게는 그 존재가 알려져 있었지만, 학술 조사는 전혀 이루어지지 않고 있었다. 장 관장이 그걸 재발견하고 보고서로 정리하고부터 유명하게 되었다고 한다. 《다록》의 저자로 유명한 채양蔡襄 등과 함께 현지에 파견된 전운사–송대의 관직 중 하나– 중 한 사람인 가적柯適이 1048년 이 바위에 새겼다는 글의 내용과 발굴의 결과가 거의 일치하자 이 석각의 중요성이 더욱 높아졌다고 한다.

일본에서는 송나라에 갔던 에이사이榮西가 차나무와 말차를 가져왔다고 알려져 있다. 그로 미루어 중국은 송나라 때 말차의 음용이 일반적이

북원 가운데 있는 다조茶祖

었을 거라고 믿고 있다. 하지만 송대가 되어서도 당나라 때부터 마셔오던 단차는 여전히 성행했을 것 같았다. 적어도 이 북원에서 생산된 차는 단차로 가공되었는데, 그 대표적인 것이 《북원별록》에 있는 용봉차이다. 찻잎을 찐 다음, 짓찧은 후 숙성시켜 건조시킨 것인데, 굳힐 때 문양을 새겨 넣는 방법을 사용했다. 그렇게 하면 단차의 표면에 용이나 봉황 무늬가 도드라지기 때문에 그렇게 불린 것이다.

장 관장이 소동파의 시 '도화차桃花茶'를 읊고, 그 한 구절인 '초록의 먼지가 날아오르다'의 의미가 제대로 읽히지 않는다고 했다. 우리 일행은 당연히 그것은 말차가 아니냐고 했고, 그때부터 송나라 때 음용한 것이 단차냐 말차냐 하는 논쟁이 일었다. 결론이 나지는 않았지만 아무래도 단차 쪽으로 추가 기울어지는 느낌이었다.

오후에는 북원 유적에서 출토된 유물을 보관하고 있는 젠어우 박물관을 견학했는데, 송나라 청자나 백자 사발, 원나라 청화백자 사발, 수막새를 비롯한 기와 등을 특별히 열람시켜 주었다. 이렇게 출토품을 관찰하거나 실제로 현장을 돌아보면서 북원의 대략적인 이미지는 잡을 수 있었다. 하지만 발굴된 것은 광대한 북원 가운데 극히 일부에 지나지 않기에 지속적인 발굴을 통해 보다 큰 성과가 나타나기를 소망하는 일 뿐이었다.

차마고도茶馬古道에서 만난 차
-윈난雲南의 차

이번 차문화 조사는 당초 티베트를 예정하고 있었지만, 출발 2주 전에 티베트에 외국인 출입이 금지됐다는 연락이 왔다. 라마승 두 사람이 분신을 하는 바람에 중국 당국이 내린 조치라 했다. 티베트에서는 반년 전에도 같은 이유로 외국인의 출입을 금지한 바가 있었는데 최근에 그것이 해제되어 잡았던 일정이었다. 중국 정부는 티베트족의 동향에 매우 민감하게 반응 하는 것 같다. 입국금지가 언제 풀릴지 감을 잡을 수 없어 행선지를 윈난성으로 바꾸고 보이차와 차마고도를 중심으로 차문화를 조사하기로 했다.

가장 먼저 찾은 곳은 세계문화유산으로 등재되어 있는 리장시였다. 차마고도의 중심에 있으며, 해발 2,400m에 위치한 이 도시는 오랜 옛날 숙박업을 중심으로 하는 마을로 생겨났는데 지금도 여전히 옛 모습이 남아 있다. 1996년에 발생한 윈난 대지진으로 많은 집들이 무너져 버렸지

만 중국 정부는 재정을 투입해 거리를 복원하여 지금 지진의 흔적을 찾아보기는 어렵다. 다행히 세계문화유산 등록을 취소하지 않아 여전한 관광명소이며, 지금은 연간 천만 명의 관광객들이 찾는다는 곳이다.

오래 된 거리는 그리 넓지는 않았고, 다른 중국의 옛 도시처럼 성곽이 주위를 둘러싸고 있는 것도 아니었다. 좁은 지역에 가로 세로로 길이 나 있고 길 양쪽에는 선물가게와 음식점이 빼곡히 들어차 있다. 길에는 많은 관광객이 뒤엉켜 조용하게 산책할 수 있는 분위기가 아니었다. 독일의 하이델베르크, 베트남의 호이안, 일본 히다의 다카야마 등과 비슷한 분위기를 가지고 있는데, 리장은 머리부터 발끝까지 깡그리 변해버렸다고 개탄하는 사람도 많다. 그러나 리장을 찾는 관광객이 쓰고 가는 돈이 소수 민족을 중심으로 한 지역 주민의 생활을 지탱해 주는 것이 사실이

원난 바이족이 즐겨 마시는 산다오차三道茶 세트

므로 무턱대고 비난할 일은 아닐 것이다.

원난성은 원래 소수민족이 많은 곳인데, 예전에 방문한 적이 있는 따리나 징훙은 바이족이 많았는데 이곳 리장은 나시족이 많았다.

나시족은 바이족과 달리 피부색이 꽤 검은 편인데, 그렇다고 흑인이라 할 정도는 아니고 불그스레한 구릿빛 피부에, 날카로운 느낌의 얼굴을 가진 사람이 많았다. 가이드를 해 준 화소춘 군도 역시 전형적인 나시족 얼굴을 가졌는데 매우 사내다운 인상이었다.

리장 고성 견학을 마친 우리는 전통차를 마실 수 있다는 찻집에 들어갔다. 찻집 주인은 나시족이 아니라 리수傈僳족인 주려풍이라는 사람이었다. 주 씨는 화 씨보다는 검지 않았고 긴 머리를 뒤로 묶어 매고 있었다. 그의 말에 의하면 찻집은 부업이며 본직은 뮤지션이라 했다. 자신의 DVD를 보여 줬는데 강한 톤을 가진 목소리였다. 이 지역에서는 인기가 대단하다고 자화자찬을 했다. 악기도 연주할 수 있다고 해서 요청을 했더니 일본의 아악에 사용되는 쇼笙와 유사한 관악기를 연주해 주었다. 구조적으로는 쇼와 비슷하지만 음색은 쇼처럼 섬세하지 않고 대체로 강력함을 느끼게 했다.

찻집은 리수족의 전통적인 주거형태를 본뜬 구조로 통나무로 지은 오두막이었다. 입구에서 볼 때, 오른쪽 벽 한가운데에 선반을 꾸며 거기에 다도구를 얹어놓았다. 그 앞의 화로에는 큰 삼발이가 있었고, 위에는 그 을음으로 새까맣게 그을린 금속용기가 놓여 있었다. 침상은 콘크리트였고 선반이 있는 벽면 외에는 의자가 있었다. 화로 가까운 폭이 넓은 곳은 가족 중 나이가 많은 사람이 앉으며, 밤에는 거기에서 잠을 자기도 한다고 했다.

처음에는 리수족이 즐겨 마신다는 기름차를 끓여 주었다. 재료는 기름과 찻잎이다. 기름은 돼지비계를 소금에 절여 햇볕에 말린 후, 네모나게 잘라 놓은 것을 사용한다. 그걸 작은 용기에 넣고 화로에 올리면 지방이 녹아 액체상태가 된다. 거기에 덖어놓은 찻잎을 넣고 다시 끓인다. 그렇게 하는 이유는 구수한 맛이나 향을 내기 위해서란다. 적당한 시간을 보아서 따뜻한 물을 붓는다. 그것이 다시 끓을 때쯤에 소금을 약간 던져 넣는다. 잘 저은 후, 손님들 앞에 놓인 찻잔에 따른다.

마셔 보니 과정을 지켜보면서 예상했던 대로 기름과 소금 맛이 강했으며, 센차나 반차에 익숙한 우리에게는 약간의 거부감이 일었다. 주씨는 우리의 표정을 읽었는지 밥과 함께 먹으면 맛있다는 말을 덧붙였다. 기름에는 몸을 따뜻하게 기능이 있다고 하는데, 이 차는 고지대에서 살아가는 리수족의 신체적 요구에 의해 창안된 것 같았다. 두 번째는 소금을 첨가하지 않고 마셔 보았지만 이미지가 달라지지는 않았다. 차에 곁들여 먹는 음식으로 팝콘과 살구가 나왔는데, 살구를 깨물어 보았더니 다시는 손을 대고 싶은 생각이 없을 정도로 신맛이 강했다.

이어 나온 것은 버터차였다. 손님이 보는 데서 만드는 것이 아니라, 별도의 장소에서 만들어 알루미늄 용기에 넣어 가지고 왔는데, 작은 백자 잔에 따랐다. 우유처럼 보였지만 야크의 젖으로 만든 버터를 차에 섞

가마터 유적을 보존하는 모습

었기에 뿌옇게 보였다. 독특한 향과 짠맛이 있었는데, 야크의 젖에서 나는 것 같았다. 버터 이외에도 참깨나 계란 등을 첨가하기도 한다. 버터차 하면 티베트를 가장 먼저 떠올리는데, 여기 윈난성 북부 지역에서도 그 것을 마시고 있다는 것을 새삼 알게 되었다.

유미차油米茶라는 것도 선을 보여 주었다. 녹인 돼지기름이 들어있는 용기에 찹쌀을 넣어 쌀이 노랗게 변할 때까지 불 위에 올린 후, 찻잎을 넣고 물을 부어 끓인다. 색은 기름차와 같지만 마셔 보니 찹쌀의 구수한 향이 있었다. 간혹 까맣게 보이는 쌀이 섞여 있어 씹어 보았더니 오도독 거리기는 했지만 탄 냄새는 나지 않았다. 주씨에 의하면 쌀은 먹지 않고 향을 내기 위해 사용한다는 것이다.

또 하나의 차가 나왔는데 기름차에 박하잎을 넣은 차였다. 코를 가까이 대어 보니 박하향이 강했고, 마셔보니 쓸쓸한 맛이 나는데 박하잎을 익히게 되면 그런 맛이 난다고 했다. 이렇게 리수족이 오랫동안 마시어 온 차를 몇 가지 맛을 보며 설명을 듣고 있는 사이에 두 시간이 후딱 지나버려, 결국 이 날은 점심을 거를 수밖에 없었다.

다음 여정은 리장 박물관이었다. 이곳에는 리장 거리에 있는 기념 유물이나 나시족의 민속품 등을 진열 소개하고 있는데, 그 중 특히 관심을 끄는 것이 동파 문자였다. 그것은 나시족이 쓰던 문자로 기본적으로는 상형 문자이며, 인형이나 눈, 혹은 동물 같은 모양을 한 글자가 나열되어 있었다. 문자수는 1,400자 정도가 확인되는데, 그걸 이용하면 거의 모든 것을 표현할 수 있다고 한다. 동파는 원래 사제나 현자와 같은 의미인데 그 사람들만이 나시어를 사용하고, 일반 나시족 사람들은 문자를 사용하는 경우가 없었기 때문에 그 문자를 동파 문자라고 하게 되었다. 나아가 나시족의 문화를 동파 문화라 일컫는 경우도 있는 것 같았다.

진열실 한쪽에서 나시족 민속의상을 입은 노인이 앉아 무언가를 열심히 쓰고 있었다. 박물관 학예원에 의하면, 노인은 '동파 선생님'이란 별명을 갖고 있는데, 그가 쓰고 있는 것은 동파문자이며, 사용하고 있는 종이도 동파의 독특한 재료라 한다. 몇 장의 동파종이에 쓰인 글자를 보니까 원래 한어漢語의 어구를 동파문자로 쓴 것이었다. 한자로도 작게 써 놓았기 때문에 뜻을 금방 알 수 있었다. 그 중에는 '一期一會'라 써 놓은 게 있었는데, 판매도 가능하다고 해서 구입하니 내 이름을 써서 주겠다고 했다. '谷'라는 글자는 화톳불처럼, '晃'는 새가 모자를 쓴 듯한 상형문자로 써 주었다. 어쨌거나 이번 여행의 재미있는 기념품이 될 지도 모른다고 생각했다.

박물관을 나온 후, 리장에서 조금 떨어진 곳에 있는 슈허束河고촌을 찾았다. 이곳은 리장보다 빠른 지금부터 1,200년 정도 전부터 번성했고, 가죽 제품의 산지로서 널리 알려져 있었다. 이곳에도 리장과 같이 오래 된 거리가 늘어서 있었는데 규모는 리장보다 작았다. 좀 좁긴 하지만 노천시장이 열리는 넓은 광장이나 사방으로 통하는 거리가 있었다. 전체 적인 분위기는 리장과 다를 바 없었다.

우리는 점심을 건너뛰었기 때문에 허기를 느껴 이것저것 군것질을 하면서 산책을 했는데, 그때 먹은 것이 잠자리와 메뚜기, 누에 번데기를 기름에 튀긴 것이었다. 메뚜기는 일본에서도 먹어 본 적이 있지만 잠자리와 번데기는 처음이었다. 둘 다 입에 당기는 맛이라 할 수 없었지만, 굳이 먹어야 한다면 잠자리 튀김은 그럭저럭 맥주 안주가 될 것 같다는 정도였다.

이곳에선 마차로도 거리를 안내해 주는데 매우 기분 좋은 수단이었다. 돌로 된 보도를 달리다 보니 다소 덜컹거렸지만 그것은 불편함이라기보다는 운치라 하는 편이 옳았다. 비록 천천히 달리는 마차지만 워낙 복잡한 거리라 능숙한 기술이 필요했다. 마부는 능숙한 팔 동작으로 장애물들을 비켜나갔다. 스피드를 추구하는 요즘 자동차와 비교하면 무척 낭만적이었다.

슈허 옛 마을을 뒤로하고 다시 리장으로 돌아와 주변에 있는 상산에 올랐다. 리장시는 이 산 북쪽에도 새로운 거리를 조성해 꽤 큰 시가지를 형성하고 있지만, 원래의 시가지, 즉 고풍스런 거리는 이 산의 남쪽 부분 뿐이며 그다지 넓지도 않았다. 산을 오르는 돌계단은 785계단이라는 시코쿠의 곤피라를 떠올리게 하지만 100계단에도 미치지 못하는 듯 했다. 그래도 숨이 끊어질 것 같은 이유는 이곳이 해발 2,000m가 넘는 고지대이기 때문일 것이다.

전망대에 도착하여 내려다보니 눈 아래에 펼쳐진 고풍스런 거리에는 기와지붕이 거의 같은 높이로 빽빽이 메우고 있었다. 순간 매우 낯익은 풍경이라는 생각이 들었는데, 그것은 언젠가 옛 성에서 바라본 하이델베르크의 오래된 거리였다. 기와의 색은 서로 달랐지만, 자아내는 분위기는 매우 닮아 있었다.

상산을 내려와 저녁 식사를 한 후, 시내의 홀에서 민족 가무를 1시간 넘게 감상했다. 무대 위에서 소수민족의 의상을 입은 젊은 남녀들이 노래를 부르고 춤을 추었다. 20여 년 전, 윈난성의 보이시에서 보았던 민족무용에 비해서 매우 세련되기는 했지만, 받는 감동은 오히려 엷다는 느낌을 지울 수 없었다. 지난번에도 느낀 것이지만, 소수민족 사람들의 생활은 이전과 비교하면 현저히 좋아지고 있으며, 겉보기에는 중국인의 대다수를 차지하는 한족과의 차이, 좀 더 나아가 일본이나 미국, 프랑스 사람들의 삶과도 격차도 많이 줄어들고 있는 것이 현실이다. 대신에 잃어버리는 것들이 늘어나는 것도 분명한 사실일 것이다.

항저우를 빼고 차를 논하지 말라
-고도古都 항저우杭州의 차

중국에는 고도古都라 불리는 도시가 많은데, 구입한 지도에는 저장성 항저우에도 중국에서 '7대 고도 중 하나'라는 타이틀이 붙어 있었다. 그 외에도 '인문, 역사가 풍부하며 명승지가 많다'라든가, '기후가 최적인 도시' 등의 정보도 눈에 띈다. 위도는 일본의 야쿠시마屋久島와 거의 같지만, 기후는 교토 주변과 비슷해 여름엔 덥고 비가 많이 오며, 겨울에는 눈도 가끔 온다. 우리가 항저우를 찾은 때는 산하가 신록으로 물들어 가던 무렵이었다. 도시를 둘러 싼 산은 물론이고, 가로수도 싱그러운 잎을 피워 시원하고 상쾌한 경치를 뽐내고 있었다.

음식 또한 항저우에서만 맛볼 수 있는 재료에다 세련된 솜씨로 우리의 입맛을 사로잡았다. 중국에서 손가락 안에 드는 미식의 도시라 해도 좋지 않을까 하는 생각이 들었다. 그 동안 중국 남부를 여행하면서 맛이 강한 요리에 질려 있었던 우리에게는 오래간만에 구미를 끌어당기는 본

항저우 찻잎박물관

격적인 음식이었다.

항저우에는 고적 명소가 많지만, 그중에서도 특히 시후西湖를 필두에 올리는데 이의를 제기할 사람은 없을 것이다. 고금을 막론하고 수많은 시인묵객의 작품 속에 등장하는 곳이다. 이곳에 와본 적도 없는 일본 화가들도 좋아하는 화제로 거론하는 곳이다. 시후는 항저우시 동남부에 위치하며 나뭇잎 같은 모양을 하고 있는데, 가장 긴 거리는 7km, 짧은 거리가 3km 정도 되는 아주 넓은 호수이다.

우리가 찾았을 때는 가랑비가 오락가락 했다. 미인은 화장을 했을 때도, 하지 않았을 때도 나름의 아름다움이 있듯이, 시후도 맑을 때도 비가 올 때도 제각각의 운치가 있다는 옛사람의 말 그대로 안개 자욱한 풍경은 한 폭의 그윽한 묵화처럼 펼쳐져 있었다. 수천 년 전의 풍경 속에 서

항저우 차원

있는 느낌이었다.

우리가 숙소로 정한 곳은 시후의 서남쪽에 위치한 저장빈관이라는 아담한 호텔이었는데, 이 호텔에서 걸어서 10여분 거리에 중국 찻잎 박물관이 있다.

– 중국에서는 무엇이든지 베이징으로부터 시작되지만, 차에 한해서만은 항저우를 따를 수 없습니다. 베이징에도 차문화와 관련된 이런 훌륭한 박물관은 없습니다.

이번 여행에 통역을 담당한 등군 박사의 말이었다.

1991년 4월에 개관했으니 비교적 새 건물이지만, 개관할 때 중앙정부가 전국에 차에 관한 문물을 모으는 일에 협조하도록 강력한 지시를 할 정도로 적극성을 보였기 때문에 전시품에는 볼만한 가치가 있는 것이 많

있다. 오승천 부관장에게 들은 바로는 차의 역사, 차의 분류, 다회, 다도구, 차풍속 등 다섯 개의 섹션으로 나누어져 있다고 했다. 모두를 감상하는 데에는 2시간 이상이 족히 걸리는데, 스케줄에 쫓겨 그만큼의 시간을 가질 수 없었다. 차의 역사와 다도구 부분을 중심으로 자세하게 보고 나머지는 대충 훑어버렸다.

중국에는 십대 명차라는 것이 있는데, 그 첫손가락으로 꼽는 것이 저장성에서 생산하는 용정차龍井茶차라 한다. 하지만 공인된 것은 아니며 예로부터 전해 온 속설이라 하는 것이 정확하다. 그래도 옛날부터 궁중에 진상했던 차임은 분명하고, 지금도 외국에서 온 귀한 손님에게 선물로 이용되고 있다고 하니 용정차가 중국을 대표하는 명차라 해도 틀린 말은 아닌 것 같다.

용정차를 생산하는 곳을 방문했을 때, 비가 오는데도 찻잎을 따고 있었다. 중국에서도 찻잎 따기는 역시 여성의 몫인 것 같았는데, 부지런히 일하는 여성들의 손길은 날랬으며, 허리에 찬 바구니 속에는 크기가 일정한 찻잎이 순식간에 불어났다. 빗방울을 머금은 찻잎은 더욱 싱싱해 보였다.

채취한 새싹은 다음 날 차로 만들어지는데, 제다법이 일본 센차와는 다르게 가마에서 덖어내기 때문에 부초차釜炒茶라 부르기도 한다. 가마에 설치된 직경 80cm 정도의 솥을 장작 혹은 전기로 가열해, 거기에 찻잎을 적당량 넣고 처음에는 누르듯이 한 후 고루 휘저어 덖는 방식이었다. 찌거나 덖는 작업이 솥에서 동시에 이루어지는 것이다. 완성된 차는 세 닢의 새싹이 가늘고 길쭉하면서도 납작한 하나의 찻잎으로 변하는데 정말 신선해 보였다. 이 작업은 겉보기에는 간단한 것 같지만 매우 숙련된 기술이 필요했다. 실제 체험을 해 보았지만 뜨거운 가마솥에 화상이

찻잎을 가마에서 덖는 모습과 용정차

나 얻지 않으면 다행이었다.

　다음에는 중국 농업과학원 찻잎연구소와 유명 차인 가문 두 곳을 방문하였다. 항저우는 중국 유수의 차 생산지로서 뿐만 아니라, 차에 관한 오랜 문화와 전통도 살아있지만 보다 대단한 것은 시민들이 그런 문화를 함께 하고 있다는 것이었다.

　그걸 보면서 일본은 전통예능이라는 다도茶道가 아직도 왕성한 생명력을 가지고 있는 것인가, 과연 그것이 진정 차문화라고 부르기에 어울리는 내용을 갖추고 있는가, 국민들 사이에 그것을 사랑하고 함께 하는 마음이 오고가고 있다고 말할 수 있는지…… 갖가지 생각들이 떠올랐다.

우롱차, 대홍포大紅袍의 추억
-푸젠福建의 차

대만을 마주보고 있는 푸젠성은 기후가 따뜻하여 차의 산지로서 유명하다. 이곳은 녹차가 아니라 반발효차인 우롱차를 주로 생산한다. 일본에서 우롱차 하면 철관음차가 유명하지만 그 외에도 무이암차武夷巖茶, 수선차水仙茶, 육계차肉桂茶 등 고급차들이 있다. 특히 무이산에서 채취하는 대홍포大紅袍는 무이산의 바위틈에서 자생하는 차나무 잎으로 만드는데, 예로부터 왕실에 진상하던 물품이었다. 무이산 지방에서는 이것이 '중국 십대 명차 중 최고'라는 자부심을 가지고 있다. 나도 몇 가지 유명한 우롱차를 구입해 비교해 보았는데, 대홍포는 다른 어떤 우롱차보다 향이나 맛이 깊고 뛰어났으며, 열 번 가까이 달여 냈는데도 색이나 맛이 마치 처음과 다름이 없다고 할 정도로 놀라웠다.

푸젠성에는 공푸차功夫茶라 부르는 음용법이 있는데, 아직도 사라지지 않고 계승되고 있다. 일본의 센차 음용법과 비슷하게 작은 찻주전자에

대홍포를 만드는 차나무

공푸차를 마시며

찻잎을 많이 넣고 뜨거운 물을 부어 우려낸다. 다른 점은 차를 마시는 작은 찻 잔 외에 차의 향을 맡는 작은 통이 갖추어져 있다는 것이다. 우선 찻주전자에서 보다 큰 사발에 차를 따른 후, 준비된 작은 통에 차를 붓는다. 손님은 작은 통을 통해 차맛을 후각으로 음미한다. 그 후 작은 찻잔으로 차를 따라 마시는 것이다. 그때 혀 밑에 차를 머금고 맛을 봐야 한다고 한다. 그 지방 사람들은 '루루루 루루루' 소리를 내며 홀짝거리는데 나는 좀처럼 그렇게 되지 않았다. 자꾸 흉내를 내다보니 비슷하게 되었는데, 혀 밑에서 차를 굴리면 기분 탓인지 실제로 그런지는 몰라도 맛이 깊어지는 것 같았다. 푸젠성의 사람은 남녀노소 없이 공푸차를 즐기는데, 흔히 하는 말처럼 중국 요리에 대량으로 사용되는 기름을 우롱차가 '중화中和' 시켜 주는지도 모른다.

푸젠성 일대는 과거 민閩나라가 있었는데, 그 이름이 남아 있는 푸젠성의 동서남북 부분을 각각 민동, 민서, 민남, 민북지방으로 부르고 있다. 자동차 번호판에는 전부 민閩자가 앞머리에 붙어있다. 민북, 민서 지방에는 레이차擂茶라는 음용법이 있는데, 이 역시 지금도 손님에게 대접하고 있다고 한다. 그것은 차 외에 땅콩, 참깨, 귤껍질, 감초 등을 절구에 넣어 으깬 다음 거기에 뜨거운 물을 부어 마신다. 아쉽게도 레이차를 경험해 볼 기회는 없었지만, 가정마다 계절마다 섞는 재료들이 다르고 때에 따라서는 감기약 대신으로 마시는 경우도 있다고 들었다.

중국의 도자기, 다도구 기행
-쥬코珠光다완

쥬코다완은 일본 다도茶道의 시조로 추앙받는 무라타쥬코村田珠光가 갖고 있던 것이었기에 그렇게 불리게 되었다. 그것은 월주요越州窯나 용천요龍泉窯에서 생산된 다완과 비교할 때, 그다지 질이 좋지 않은 청자사발인데, 안쪽에 '화화문畵花紋'이라 불리는 자유분방한 문양이 있고, 외면에는 마치 고양이가 발톱으로 할퀸 듯한 무늬가 있다. 주생산지는 푸젠성 남부의 동안요同安窯이었지만, 중부의 보전요莆田窯에서도 똑같은 다완을 생산하고 있었다. 보전요는 푸젠성의 중심인 푸저우福州에서 북쪽으로 달려 1시간 거리에 있는 푸톈莆田시 주변에 산재하는 많은 가마들을 통틀어 부르는 이름이다.

푸저우에서 푸톈까지는 고속도로를 이용해 시간을 절약할 수 있다. 처음 찾은 곳은 영천동분요靈川東汾窯라 불리는 가마터였다. 이곳에서 발굴에 종사하고 있는 가 씨라는 여성의 안내로 가마터에 가 보았으나 시

정계요에서 만들었을 거라 추정되는 쥬코다완

선을 끌만한 게 없었다. 토기에 가까운 것이 많았으며, 유약을 바른 것들도 있었지만 수준 미달이 대부분이었다. 그래서 일찌감치 일정을 접고 다음 가마를 향했다.

도중에 점심을 먹으면서 가 씨로부터 보전요에 대해서 많은 이야기를 들었다. 그녀의 말에 의하면, 이 지역 가마의 주산품은 청자였고, 남송으로부터 원에 걸쳐 생산했으며, 대부분은 무역 도자기였다는 것이다. 또 동안요와 용천요의 영향을 받았는데, 무늬가 있는 청자에는 인화문, 화화문, 연꽃잎무늬, 빗살무늬, 쌍어문 등의 문양을 볼 수 있다는 것이었다. 특히 앞으로 견학 예정인 장변요庄辺窯로 불리는 가마에서는 상당한 수준의 것을 생산한 것 같다고 했다.

가 씨는 오후에 회의 때문에 동행할 수 없어서 대신 현의 박물관에 근

정계요에서 수집한 다완 사금파리들

무한다는 마 씨의 안내를 받았다. 푸톈에서 시골길을 40분 정도 달려 장
변요에 도착했다. 이 가마는 아직 발굴 조사를 하지 않아 여기저기 사금
파리가 어지럽게 널려 있었다. 동안요에서 생산했던 청자에 흔히 볼 수
있는 쌍어문은 보지를 못했지만, 가 씨가 말한 대로 인화문, 화화문, 연
꽃잎무늬, 빗살무늬 등이 새겨진 것이 많았다. 유약의 색도 청자라고는
하지만 밝은 푸른색에서 황록색까지 다양했다.

　이들 사금파리를 보고 있으려니 이 가마에서도 쥬코 청자를 생산하고
있지 않았을까 하는 생각이 잠시 스쳤다. 안타깝게도 쥬코 청자라 확신
할 수 있는 파편을 보지 못했고, 역시 동안요계열의 정계요汀溪窯 쪽이
쥬코 청자에 가까운 것이라는 생각이 들었다. 그래도 이곳 사금파리의
유약 색, 화화문, 빗살무늬, 굽 처리 방법 등을 잘 짜깁기 하면 쥬코 청자
가 될 것 같기는 했다. 내가 전에 상하이의 골동품 가게에서 구입한 쥬코

청자는 아무래도 장변요에서 생산했을 가능성이 높다는 생각이 들었다. 따라서 차회기에 등장하는 다완이나, 쥬코다완 전세품 중에는 장변요의 것이 섞여 있었다고 해도 이상할 것은 없을 것이다.

일본의 오래된 다도茶道 기록에 다음과 같은 내용이 있다.

'빗살무늬가 26,7개 있고, 안에는 '복福' 자가 있으며, 다소 무거우며, 색 은 히시오색.'

화화문畵花紋에 대해서는 기록이 없는데 있었는지 없었는지 확실한 것을 알 수 없다. '히시오색'은 어떤 색을 가리키는 것일까.

고어사전에 의하면 '히시호'라는 말이 있는데, 거르지 않은 술이나 간장 같은 것, 나메 된장 종류로서 쌀과 콩으로 만든 메주에 소금을 치고 저장했다가 햇볕에 말려 그대로 둔 것으로 되어있다. 따라서 그 색은 황녹색이 아니라 갈색에 가깝지 않았을까 추측하고 있다.

또 최근 고고학 발굴 결과를 보면, 하카타 도시 유적, 다자이후 사적, 사카이 간고우 도시 유적, 가마쿠라시 지바지 유적, 오키나와 하토마 섬 유적 등 일본 각지에서 쥬코 청자로 생각되는 청자 그릇이 출토되었다고 한다. 출토된 파편은 빗살무늬나 화화문이 새겨져 있고, 안에는 '福' 자 스탬프가 있어 차회기의 기술과 일치하는 것이지만, 색은 대부분 청록색이기 때문에 이것을 '히시오색'이라 하지 않았을까 하는 생각도 든다. 바깥 면에 연꽃잎 문양이 있는 것도 많은데, 사카이 간고우 도시 유적에서 출토된 것도 바깥 면에는 연꽃잎 문양이 있고 안에는 '卍' 자 무늬가 있다. 고고학에서는 출토된 쥬코 청자풍의 그릇 대부분을 용천요계의 것으로 판단했으며, 동안요同安窯가 일부 섞여 있다고 보았다. 중국학자

정계요 유적지 비碑, 댐 조성으로 정계요는 수몰되었다.

들도 용천요에서 빗살무늬나 화화문을 넣은 것이 있다고 하며, 그런 문양은 송시대에 꽤 넓은 범위에서 유행했다고 생각된다.

한편, 내가 지금까지 본 적이 있는 십 수 개의 쥬코다완 전세품들은 거의 담황녹이며, 안에는 화화문, 밖에는 빗살무늬가 있는데, 문자나 도안이 스탬프로 찍힌 것은 없었다. 다만 이쓰오우逸翁미술관이 소장하고 있는 것은 바깥 면에 연꽃잎 문양이 있고, 가운데 빗살무늬가 곧장 들어가 있어 다른 것들과는 좀 다르다. 이들 전세품으로서의 쥬코다완은 동안요 다시 말하면 정계요의 것으로 생각된다. 즉 옛 기록에 나오는 '쥬코다완'은 용천요계의 청자, 전세품 '쥬코청자'의 대부분은 동안요계의 청자가 되는 것이다.

퉁안(동안)현에 있는 정계요는 발굴 조사가 제대로 이루어지지 않았지만, 엄청난 자료를 가지고 있는데 안팎에 화화문이나 빗살무늬를 새긴 쥬코 청자풍의 다완이나 발, 접시류의 사금파리를 가는 곳마다 볼 수 있다. 그 중에는 전세품 쥬코다완과 유약 색이 비슷할 뿐만 아니라, 바깥

면에 고양이가 발톱으로 긁은 듯한 빗살무늬가 새겨진 사금파리를 볼 수 있다. 따라서 이 가마에서는 전세품 형태의 쥬코다완을 생산한 것이 분명하다고 결론지을 수 있다.

그러나 차회기의 기록이나 전세품, 출토 유물 등으로 종합적 판단을 할 때 쥬코청자는 반드시 정계요라 일률적으로 말할 수는 없고, 저장성 용천요계의 가마나 이번에 보고 온 푸톈 장변요 등 푸젠성에 있던 가마들에서 생산된 것이 혼재해 있다고 보는 것이 타당하다고 생각한다.

중국의 도자기, 다도구 기행
-자주요磁州窯와 천목산요天目山窯

2007년 겨울, 중국 북부지방은 매우 추울 것이라 각오하고 갔는데 베이징 공항에 내려 보니 의외로 따뜻했다. 도착 시간이 늦어져 부랴부랴 호텔로 달려가는데 교통체증이 심했다. 도쿄나 오사카에 비해 결코 낫다고 할 수 없을 정도였으며, 공기도 매캐한 가스 냄새 같은 게 섞여 있었다. 베이징은 세계적 도시이지만 빠른 성장으로 인한 대가를 앞으로 많이 치러야 할 것 같았다.

이튿날 아침, 한단邯鄲으로 갈 목적으로 버스에 오르는데 짙게 깔린 안개 때문에 한치 앞도 보이지 않았다. 겨울에 곧잘 생겨나는 아침 안개 정도라고 생각했는데, 이곳에서는 하루 종일 이런 상태이기도 한다는 것이다. 막 떠오른 해도 어렴풋이 형태만 보일 뿐이고 차창 밖의 풍경은 회색 그 자체였다. 결국 가는 길에는 잠으로 일관하는 수밖에 없었다.

도중에 점심식사를 하고 요동치는 버스에서 7시간 정도를 견딘 후에

자주요 유적지 비碑

야 겨우 한단에 도착했다. 짐을 호텔에 맡기자마자 한단시 박물관에서 마충리 관장과 인사를 나누었다. 마 관장은 60세 정도로 보였는데, 큰 키에다 단단한 체구라 과거 유목민들이 저랬을 거라는 추측을 불러일으키는 사람이었다.

이상했던 것은 이 박물관이 주력해야 할 자주요磁州窯 도자기나, 이 지방 역사를 전시하고 있는 방은 보통 폐쇄되어 시민들이 볼 수 없다는 것이었다. 우리야 특별히 배려해 주었기 때문에 돌아볼 수 있었지만, 건물뿐 아니라 전시 내용도 꽤 훌륭한 것이라서 고개를 갸웃거릴 수밖에 없었다. 무슨 복잡한 사정이 있을 거라고 생각하며 작품을 감상하고 설명을 들었다.

일본의 다도茶道에서는 자주요磁州窯라고 하면 이른바 '회고려繪高麗-
중국 자주요에서 생산된 점토에 흰백토를 입히고 철사로 간략하고 소박한 무늬를 넣은 것. 원래 중국산이지만 조선을 통해 들어왔기에 그런 이름이 붙은 것-'를 연상케 하지만, 단순히 회고려나 분청기법만으로 생산하던 가마가 아니었다. 마 관장의 말에 의하면, 자주요의 장식 기법은 오십 여 가지로 분류할 정도로 다양했다고 한다. 전시품을 보니 청자나 백자, 흑유나 녹유에 비취유나 황유 등 그의 말을 실감했고, 회고려라 할 만한 것에는 눈이 가지 않았다.

어쨌든 자주요는 우리의 상상을 훨씬 넘어서는 다양한 도자기를 생산했다는 것을 보여주고 있었다. 회고려도 이 근처에서 생산됐을 가능성은 높다 해도, 전성기를 지난 명대 말기의 제품이었을 것이다. 또 그것이 주산물이 아니었고, 전체로부터 보면 극히 일부에 지나지 않는다는 점도 이해할 수 있었다.

자주요에는 많은 가마가 있었는데 독자적인 제품뿐만 아니라 정요定窯나 균요鈞窯, 여요汝窯 또 멀리 건요建窯의 제품까지도 흉내를 내고 있었다니 놀라울 따름이었다.

최근 중국 호텔사정은 눈에 띄게 좋아졌다. 시골에는 문제가 많은 호텔이 있긴 해도 웬만한 도시에서는 일본 비즈니스 호텔보다 훨씬 시설이 좋은 호텔을 저렴한 가격으로 이용할 수 있게 되었다. 그날도 조왕빈관趙王賓館이라는 호텔에 묵었는데, 옛날 이 지역에서 활약했던 영웅의 이름을 따서 그런지, 이름에 걸맞게 시설이 훌륭했으며 마치 고향집에 있는 것처럼 편안한 느낌을 주었다.

호텔 지배인은 우리 가이드의 제자였는데, 스승과 함께 온 외국 손님을 꼭 대접 하고 싶다고 해 그날 밤은 지배인 주최 만찬이 되고 말았다. 만찬은 여느 때처럼 독한 바이주白酒로 건배와 건배로 이어졌다. 결국 만취해버렸고 방에 돌아오자마자 그대로 쓰러져버렸다.

명나라 때 자주요에서 만든 그릇

다음 날 자주요 가마터를 견학하게 되었다. 아침 일찍부터 마 선생이 시박물관 부관장인 아들과 함께 호텔 로비에 기다리고 있었다. 그들과 함께 먼저 들른 곳은 호텔에서 자동차로 2시간 거리에 있는 관태요觀台窯였다.

그곳은 산속으로 꽤나 들어간 곳이었는데, 근처에 있는 강을 이용해 도자기를 운반할 수 있었던 듯했다. 가마터는 약간 높직한 곳에 있었고, 부근에 10여기의 가마가 확인되고 있다. 강 건너편에 있는 아이산艾山 기슭에는 애구요艾口窯가 있었고, 주변 무덤에서는 그곳에서 생산된 자침磁枕-도자기 베개-이 많이 출토된다고 했다.

이곳 가마에서는 문양이나 장식이 풍부했다는 마 선생의 해설이 있었지만, 땅에 드러나 있는 사금파리로 보았을 때는 문양이 있는 것이 그다지 많지 않았다. 흰 화장토를 입힌 후, 못이나 빗 같은 도구를 사용하여 긁은 것들뿐이었다. 그 외에는 천목이 많았는데 유약의 일부가 은하수처럼 빛나는 것도 있었다. 큰 별이 나타나거나 적갈색으로 발색한 유약이 흘러내린 것도 있었다. 이곳에서는 보지 못했지만 어제 보았던 한단시 박물관에 전시되어 있던 백복륜천목白覆輪天目도 자주요에서 생산하고 있었다.

그날 점심은 펑청彭城이란 곳에서 했다. 이번에는 식당이 아니라 도자기 공방을 하나 빌려 컵라면과 빵으로 간단히 해결했다. 이는 현지의 허술한 식당에서는 식중독이 일어날 수도 있다고 판단한 마 선생의 배려에 의한 것이었다. 우리는 마음 씀씀이에 감사했지만, 매끼마다 대접을 너무 잘 받아 속이 편하지 않았던 터라 오히려 마음은 더 편했다. 중국의 컵라면은 역시 중국식 양념 맛이 강했지만, 그 정도면 한 번 쯤 다시 생각날 것도 같은 맛이었다. 나만이 아니라 일행 모두가 비슷한 생각 같았다.

점심 후, 공방을 경영하는 안 씨와 그의 부인 작품을 둘러보았다. 하얀 바탕에 검은색으로 문양을 그리거나 하는 분청기법의 전형인 자주요 도자기만이 아니었다. 일본에서 송적회宋赤繪—여러 가지 그림 문양이 들어간 송나라 때 도자기—라 부르는 소박한 두 가지 색채의 접시나 요주요耀州窯의 작품을 본뜬 그릇까지 다양했고, 기술도 상당한 것으로 보였다. 게다가 값이 굉장히 싸서 우리는 다완이나 접시, 술잔 등을 선물로 구입했다.

다음은 거기에서 10분 거리에 있는 부전요富田窯를 견학했다. 이곳에는 내화벽돌 가마가 줄지어 서 있었는데 몇 개의 가마 굴뚝에서는 구름과 같은 연기가 솟고 있었다. 마치 사발을 엎어놓은 것 같은 가마의 구조는 송나라 이래 그다지 변화하지 않았다고 하며, 둥그런 주위에 아궁이가 4개 정도 있었고 굴뚝은 2개였다. 바닥 밑은 비어 있어 공기가 통하도록 되어 있다. 지금은 사용하지 않지만 청나라 시대의 가마도 그대로 남아 있는데, 외관은 사용 중인 가마와 하등 다를 바 없었으며 아마 내부도 그럴 것 같았다. 또한 근처에는 약100년 전의 공방 흔적도 남아 있었는데, 흙을 이기고 물레를 돌리는 모습을 생생하게 떠올릴 수 있었다.

오래된 자주요 도자기들

가마터 견학을 마치고 한단 시내로 내려와 마 선생 부자와 헤어져 정저우鄭州로 향했다. 한단에서 정저우까지는 고속도로로 3시간 남짓 걸려, 숙소인 정저우 국제빈관에 들었을 때는 꽤 늦은 시간이 되고 말았다. 하지만 고속도로 정비가 잘 되어 이동하는데 있어 옛날만큼 시간을 빼앗기지 않은 것에 만족했다.

이번 여행에서는 교통사고를 자주 보았는데 그것도 꽤 큰 사고들이었다. 가이드의 말에 의하면, 사람들이 아직 '고속'이라는 문화에 익숙하지 않기 때문이라는 것이었다. 분명히 그런 이유도 있겠지만, 도심 안에서도 사고를 많이 봤으니 반드시 고속 탓만은 아닌 것 같다. 그보다는 자동차문화는 급속하게 대중화되고 있는데 비해, 사람들이 그 '속도'를 따라가지 못하는 듯했다. 중국 특유의 속성인 '혼돈 속의 질서'가 무너지는 것 같은 느낌이었다.

다음날 아침, 첫 비행기로 항저우에 갈 예정이라 아침 일찍 호텔을 나왔는데 시계가 수 십 미터밖에 되지 않았다.

– 오늘은 스모그가 심한 날인 것 같군요.

정저우의 스폿가이드인 진씨에게 물었다. 중국을 생각하면 우선 떠오르는 게 스모그였기 때문이었다.

– 아닙니다. 안개입니다.

베이징에서 아침에 보았던 안개만큼이나 대단했다. 앞이 보이지 않으니 차는 느릿느릿 거북이 운행을 할 수밖에 없었다. 엎친 데 덮친 격으로 고속도로가 폐쇄되어 국도로 가야할 처지가 되어 버렸다. 게다가 정저우 공항이 최근에 옮겼기 때문에, 운전기사는 고속도로 밖에 길을 모른다는 것이었다. 느릿한 운전에다 초행길이라, 갔던 길을 돌아 나오기도 하면서 겨우 공항에 도착했을 때는 비행기 이륙시간을 크게 넘어서고 있었다. 하지만 공평하게도 우리를 초조하게 한 안개는 비행기도 잡아두고 있었다.

안심한 것은 잠시 뿐이었다. 3시간이 지나도 안개는 걷힐 기미가 보이지 않았다. 이대로라면 오늘 항저우에 도착하기는 어려울 것 같아 걱정이 일기 시작했다. 내일 이후의 스케줄이 크게 어긋날 것이다. 그리되면 이번 여행의 최대 목적인 천목산天目山에 가지 못할 것이다. 안절부절 하지 못하고 계획 변경에 대해 진지하게 토의를 하고 있는데, 어느 순간 안개가 엷어지는가 싶더니 곧 비행기가 날 수 있다는 방송이 나왔다. 모두들 환호했다.

서천목산에서 생산한 것으로 추정하는 천목

　결국 비행기는 5시간이 늦어져 항저우 공항에 도착했다. 항저우 시내 구경 일정은 모두 취소되었고 곧바로 린안臨安으로 향했다. 다행스럽게도 린안은 공항에서 가까워 1시간 만에 시내로 들어갔고 린안시 박물관을 방문했다.

　이곳 박물관은 이름뿐이었으며 문화관이나 영화관 등이 입주해있는 상가 3층에 있었으며 진열실도 제대로 없었다. 람춘수 관장은 예산이 없어 마음대로 할 수 없다는 사정을 설명했다. 관장은 박물관이 별도로 보관하고 있는 천목요天目窯, 정확히는 서천목산요西天目山窯의 생산품을 보여 주었다.

　이곳 천목天目은 작년에 항저우를 방문했을 때, 항저우시 박물관 관원이 수집한 사금파리들을 호텔에서 보여 주었는데, 일본 초기의 세토천

천목산 입구, 서천목산의 사금파리들

목瀬戸天目과 매우 비슷하다는 인상을 강하게 받았다. 이번에 꼭 그 가마 터를 견학하고 싶은 마음으로 린안에 온 것이다. 박물관에 보관하고 있는 사금파리는 질적으로나 양적으로 작년에 본 것에 비할 바가 아니라 가마터에 가 보고 싶은 생각이 더욱 간절해 졌다.

안후이성安徽省과 경계에 가까운 천목산은, 동과 서로 나뉘어 두 개의 봉우리에 각각 연못이 있는데, 그것을 하늘의 눈이라 하여 천목天目이란 이름을 얻게 되었다고 한다. 여기 서천목산西天目山에는 선원사禪源寺나 사자정종선사師子正宗禪寺, 대각정등선사大覺正等禪寺가 있으며 동천목산 東天目山에는 소명선사昭明禪寺가 있다. 과거에는 일본인 승려도 이 절들을 자주 찾아 선 수행에 힘썼다고 한다.

흑유다완의 일종인 천목은 아이러니하게도 본가인 중국에는 그런 호칭이 없다. 천목산에서 수행한 선승이 일본에 가지고 돌아갔던 사발이 '천목산에서 전래된 찻사발' 로 바뀌어 정착했다고 하는 것이 그간의 설이었다. 천목산에 가마가 있었다는 건 지금까지 일본이나 중국에 전혀 알려지지 않았으니, 그때 가지고 돌아온 것은 푸젠성의 건요建窯에서 생산된 건잔建盞이었을 것으로 여기고 있었다.

지금도 도자기를 생산하는 만두요

그런데 근년에 천목산에 가마의 존재가 알려지고, 게다가 그 제품이 초기 세토천목과 닮았기 때문에 그것이 일본에서 말하는 천목의 기원이 아닐까 하는 갑작스럽고 새로운 주목을 받게 된 것이다.

다음날, 람 관장과 주 부관장의 안내로 서천목산西天目山 기슭에 있는 가마터를 찾아가게 되었다. 린안 도심에서 차로 약 1시간 거리에 있는 능구라는 마을에서 조금 들어간 산골짜기에 있었다. 부근에는 몇 기의 가마터가 흩어져 있었는데 그중 2기를 보았다.

이 가마는 천목뿐만 아니라 청자나 청백자 등도 굽고 있었던 것으로 보였는데, 눈에 띄는 사금파리는 청자가 압도적으로 많고 천목은 비교적 적었다. 겹겹으로 쌓아 구웠던 모습을 그대로 보여주는 사금파리가 그것을 말해주고 있다. 즉, 같은 크기의 청자 그릇을 다섯 개에서 열 개를 포개어 쌓고, 그 위에 약간 작은 천목 한 개-많게는 세 개-를 얹고, 맨 위에는 청자 접시를 덮개로 하여 구웠던 것이다. 서천목요에서 본보기로 삼았다고 하는 건요에서는 하나하나의 건잔을 갑발에 넣고, 그걸 사람의 키만큼 쌓아 소성했으나 이곳에서는 청자 그릇을 틀 대신 이용했다. 합리적이라고 하면 합리적이겠지만 약간은 날림으로 혹은 대강으로 했다는 평가를 면할 수 없으며, 완성된 제품의 품질도 떨어졌다고 본다.

실제 이곳의 천목을 보면 건잔보다 상당히 조잡함을 알 수 있다. 흙도 건잔과 달리 청자와 같은 흙을 사용하고 있었다. 잘 익은 것은 태토가 거의 하얗게 되는 것에 비해, 소성이 제대로 되지 않은 것은 갈색을 띠며 흑유도 제대로 녹지 않았다. 성형 역시 건잔보다 떨어지며, 천목은 입을 대는 전 부분이 특징적인데 그것도 제대로 되어 있지 않았다. 전체의 모습도 긴장감이 없었다.

중국의 도자기, 다도구 기행
– 경덕진景德鎭의 고청화백자古染付와 상서祥瑞

버스가 경덕진 시내에 도착했을 때, 날은 완전히 저물어 거리는 땅거미가 내려앉았다. 중국 도시가 대개 그렇듯이 지방도시지만 경덕진의 거리도 많은 차량과 사람들로 혼잡했다. 다른 도시와 다른 점이

연기와 안개로 자욱한 경덕진

있다면 가로등, 때로는 신호등 기둥이 청화백자라는 점이다. 물론 도자기 기둥이 아니라 기둥에 청화백자 도자기를 둘러놓은 것이지만, 경덕진다운 발상에 감동할 만 했다. 이곳의 이름이 경덕진이 된지 꼭 1,000년이 되는 2004년에 어디에서나 볼 수 있었던 기둥이 사뭇 경덕진다운

경덕진의 공방 풍경, 경덕진 고청화백자 사금파리

기둥으로 새롭게 태어났다고 한다.

이번에 경덕진을 찾은 목적은 2011년 중국경덕진국제도자박람회中國景德鎭國際陶瓷博覽會 개막식에 참가하기 위해서였는데, 박람회는 시 당국이 모든 것을 책임지고 있었기에 우리가 머물 호텔마저도 정부가 일괄 배정하게 되었다. 한데 경덕진에 도착하기 전까지도 호텔을 알려주지 않았고, 저녁식사는 시내에 있는 다른 호텔에서 하게 됐다.

그날 경덕진 도자학원 교수인 조건문 선생과 함께 저녁식사를 했다. 조 선생은 전에 경덕진을 방문했을 때도 여러모로 신세를 졌고, 최근 일본의 잡지에 〈고청화백자와 상서祥瑞-일본인이 디자인하여 중국에 주문해 생산한 백자로 알려져 있음-〉에 대한 논문을 발표하였으므로, 그 근황을 자세히 여쭙고 싶었던 터였다. 조 선생님은 바쁜 일정에도 불구하고 쾌히 수락을 해 주었을 뿐만 아니라 논문에 사진으로 게재됐던 수집 사금파리도 많이 챙겨 왔다.

조 선생의 말에 의하면 정식 발굴 조사에서는 고청화백자와 상서라고 단정할 수 있는 것은 발견되지 않았다고 한다. 그보다는 가마터가 시가지로 편입되어 주택이 들어서고 있기 때문에 발굴할 상황이 아니라는 게 더 중요한 현실 같았다.

경덕진 방문은 두 번째인데, 처음 찾은 것은 당시 일본 도시샤 대학 대학원에 유학하며 고청화백자를 연구하고 있던 엽문수 씨와의 인연 때문이었다. 언젠가 엽 씨는 경덕진 도자기 시장에서 일본에 전해오는 고청화백자와 같은 무늬의 파편을 발견했다. 그래서 그와 함께 처음으로 경덕진을 방문했었다. 그때 엽 씨가 사금파리를 샀던 노인의 소재를 물어 찾아 갔더니 노인은 인근에서 주웠다는 다른 사금파리를 보여 주었다.

그들 중에 눈에 두드러진 것은 없었지만, 엽 씨가 노인으로부터 산 것은 관음각요觀音閣窯에서 수집했다는 사실을 알게 되었다. 그 말을 듣고 우리는 그 가마터로 갔지만, 이미 해가 저물었고 비까지 내려 충분한 조사를 할 수가 없어 아쉽게 발길을 돌린 적이 있었다.

조 선생을 만나 그간의 고청화백자 발굴 조사 사정을 물었다. 그에 의하면, 관음각요 일부를 발굴 조사하였는데, 일본의 연호인 '천문天文'이 새겨진 파편은 발견되었지만 청화백자같은 것은 없었다고 했다. 하지만 '천문' 명이 들어있는 청화는 일본 사카이를 비롯한 여러 곳에서 발굴되고 있으므로, 관음각요에서 일본으로 가는 청화를 생산한 것만은 틀림없다 해도 좋을 것 같았다.

또 조 선생은 관음각요 인근에서 수집한 몇 개의 사금파리를 보여 주었는데, 비록 작은 것들이었지만 모두 청화백자로 보아도 틀림없었다. 조 선생은 고청화백자가 관음각요만이 아니라 복수의 가마에서 생산했을 것으로 생각하는 듯했다.

조 선생이 관음각요와는 다른 장소에서 수집한 사금파리 중에는 상서祥瑞로 보이는 것이 있었는데, '오랑대보오상서조五郎大輔吳祥瑞造', '삼전

일본에서 주문하고 경덕진에서 생산된 고청화백자

가사산三田家思山', '방오상서제소가경연제倣五祥瑞製所嘉慶年製' 등의 명
문이 있는 사금파리도 있었다. 장소는 다르지만 경덕진 시내에서 수집
된 사금파리들이었다. 조 선생은 일본에서 말하는 고청화백자와 상서의
차이를 실물을 통해 본 적이 없어서 확실한 것은 말할 수 없다 하더라도,
발굴된 사금파리에 '오랑대보오상서조五郎大輔吳祥瑞造' 명을 가진 것을
공반물–다른 종류나 성격의 유물이 같이 출토된 것–로 판단하면, 청나라 강희
연간 이후의 것으로 생각된다고 했다.

그렇게 보면 일본에서 상서라 불리는 것은 지금까지의 생각보다 꽤
늦은 시기에 생산한 것이 된다. 막연한 경향이 있긴 하지만, 일본에서는
상서가 고청화백자와 비슷한 시기, 즉 명나라 말인 17세기에 일본에서
주문하여 생산한 것으로 알고 있다. 그렇지만 고청화백자든 상서든 간

에 다도茶道와의 관계 속에 전승된 것 이외에는 자료가 없고, 다도茶道에서의 전승을 그대로 받아들이고 있기 때문에 조 선생의 이야기를 듣고 보니 적어도 상서의 생산 시기에 대해서는 재검토 할 필요가 충분한 것 같은 생각이 들었다.

2011년 중국경덕진국제도자박람회는 경덕진시는 물론 장시성도 본격적으로 후원하고 있고, 참가자도 4,000명을 넘을 정도의 대규모 행사였다. 이러한 경우, 일본에서는 실행위원회가 중심이 되는 것이 보통인데 이곳에서는 경덕진시, 장시성이 직접 관여하고 있었다. 참가자 숙소도 시 당국이 일방적으로 배정했는데, 숙소 결정이 통보된 것은 투숙 당일 저녁이었다. 배당된 호텔은 아무리 후한 점수를 주려 해도 그럴만한 건더기가 없는 곳이었다. 국가체제가 다른 것은 알고 있었지만 아쉽고 미흡한 부분이 많았다.

다음날 아침 개막식 행사장으로 통하는 도로는 봉쇄되었다. 허가증을 가진 차 이외에는 통행이 허용되지 않았다. 행사장에 들어갈 때도 국제선 공항 같은, 어떤 의미에서는 그 이상으로 엄중한 소지품 검사가 있어 우리를 놀라게 했다. 물이나 라이터, 금속류뿐 아니라 일회용품도 반입이 허용되지 않았다. 박람회라고 하는 성격에 맞지 않는 과잉 경비라고 생각되었지만, 중국 정부는 사람이 모이는 것에 신경을 꽤나 곤두세우고 있는 듯했다.

개회를 하기 전에 가수나 아이들의 노래가 있었으며, 그 뒤에도 내빈의 인사가 끊임없이 이어지는 판에 박힌 의식이었다. 말도 알아듣지 못해 꾸벅꾸벅 졸고 있다가 갑작스런 폭발음에 놀라 깨어났다. 주위를 둘러보니 공중에 테이프와 종이눈이 난무하고 있었다. 행사장 곳곳에 설치된 수백 개의 불꽃총포가 일제히 불을 뿜었고, 이어 수백 마리의 비둘기도 날아올랐다. 그렇게 놀란 사이에 의식이 끝났다.

사람들 물결에 몸을 맡기고 행사장을 둘러보았다. 결론부터 말하자면 도자기를 통해서 시의 경제적 활성을 꾀하는 대규모 경제인 행사였다. 경덕진을 비롯한 중국뿐만 아니라 아시아의 일본과 한국, 유럽과 미국, 심지어 멀리 아프리카의 나이지리아에서도 참가한 기업이 있을 정도로, 행사장은 초청자들로 대성황을 이루고 있었다. 전시품들은 공업 분야에서 사용되는 도자기나 생활용품이 많았고, 우리의 관심을 끌만한 것은 거의 찾아볼 수가 없었다. 하릴없이 도자기로 만든 장식품을 달고 있는 모델들이 행진하는 패션쇼를 곁눈질하면서 서둘러 행사장을 빠져 나왔다.

점심 후에는 경덕진 시내에 있는 호전요湖田窯 가마터에 세워진 민요民窯박물관을 견학했다. 진열되어 있는 것은 고청화백자와는 달랐는데, 기술적으로 제법 뛰어난 것들이었다. 관요와 그다지 차이가 없다는 생각이 들었으며, 갈수록 청화백자의 특이성을 생각하지 않을 수 없었다.

이어 조금 떨어진 관요 가마터를 견학했다. 그곳은 명나라 초기의 관요 가마터를 발굴하여 그대로 보존하고 있었는데, 꽤나 큰 다섯 가마가 서로 접해 늘어서 있고 관요에 걸맞은 대규모 가마였다. 앞에는 작은 산이 있고 용옥각龍玉閣이라는 오층탑이 서 있지만, 다른 몇 개의 작은 산은 이 가마에서 폐기된 사금파리들이 만들어 낸 것이라고 한다.

중국의 도자기, 다도구 기행
-푸젠성의 다도구

일본의 이른바 '다도茶陶'를 알려면, 중국의 장시성, 저장성, 푸젠성, 광둥성에서 생산된 도자기를 알아야 한다. 그 중에서도 천목을 생산한 푸젠성의 건요, 쥬코청자를 생산한 동안요同安窯, 오수수吳須手-고스테, 명말 청초에 태토에 화장토를 바르고 그 위에 다양한 그림을 그린 도자기—를 생산한 장주요漳州窯 등을 주목해야 한다. 또한 중국에서 수출 자기를 대량으로 생산한 가마로 의미가 큰 덕화요德化窯도 있는데, 이곳에서 생산된 백자는 일본인의 입맛에는 맞지 않았는지 그다지 많이 유입되지는 않았다.

건요 가마터는 푸젠성 북부의 젠양建陽시 교외에 있는데, 당나라 말기부터 남송 시대에 걸쳐 흑유도자기를 생산했고, 청자나 청백자도 생산했지만 특히 흑유잔, 이른바 건잔을 대량 생산한 것으로 알려져 있다. 하지만 일본에 전해오는 '천목형' 사발이 모두 여기에서 생산된 것은 아니었다.

푸젠성에서 발견된 차호

장시성의 길주요吉州窯에서는 이른바 대파잔玳玻盞을 생산한 것으로
알려 졌고, 요변잔耀變盞은 아직 어느 가마에서도 발굴되지 않았다. 거꾸
로 일본에는 전혀 알려지지 않은 크고 흰 반점이 있는 자고반잔鷓鴣斑盞
사금파리가 건요 가마터에서 발굴되고 있는 것처럼 '천목형' 사발의 실
태 해명은 푸젠성에 국한해서는 안 되며, 중국 각지의 수많은 미발굴 가
마를 감안하면 오히려 지금부터가 시작이라고 할 수 있을 것이다.

요즘은 중국도 적극적으로 발굴 조사에 나서고 있다. 발굴 조사를 마
친 건요 하나를 찾아보았는데, 폭 1~2m, 길이가 137m나 되는 것도 있
었다고 하니 그저 놀랄 수밖에 없다. 또 가마의 폐기물, 즉 사금파리 저
장소가 큰 산이 되어 끝없이 이어진다고 생각하면 중국의 스케일을 느낄
수 있을 것이다.

13세기 경 푸젠성 건요에서 생산된 것으로 추정되는 건잔

　장주요漳州窯는 푸젠성 서남부 일대에 널려있는 가마터의 총칭이다. 이들 가마 중 몇몇은 오래 전부터 알려졌지만, 최근 10여년 사이에 일본과의 공동 발굴을 통해서 가마의 실태가 많이 밝혀졌다. 그들을 장주요라는 하나의 이름으로 통일했던 것이다. 그러나 가마의 분포가 광둥성 일부를 포함하여 광범위한 지역에 흩어져 있고, 복잡하고 불분명한 점이 많아 아직 '통일'이라 하기에는 문제가 있지만, '다도茶陶'에서 말하는 오수수吳須手는 이 근처에서 생산된 것이 틀림없었다.

　여러 색의 유약을 사용했으며, '교지交趾'로 불리는 것도 이 근처에서 생산된 것으로 확인되고 있다. 청화라든가 거기에 색이나 그림을 가한 이른바 오채五彩의 고향은 물론 경덕진이지만, 명대 말기에 정치적 혼란

푸젠성에서 출토된 다완 사금파리, 푸젠성 건요 유적지에서 출토된 건잔 사금파리

등으로 쇠퇴한 경덕진의 장인이 떠돌다가 이 지방에서 경덕진과 비슷한 도자기를 생산했다고 한다.

하지만 태토를 마무리하는 방법이나, 무늬를 그리는 방식, 굽을 처리하는 방법 등으로 경덕진과 장주요 생산품은 구별이 가능하다. 그러나 전세품을 보면 분명히 경덕진의 생산품이 아니라고 판단되는 것 중에서 장주요의 것이라고도 할 수 없는 것들이 있다. 중국 전문가들도 이 의문에 분명한 답을 하지 못하고 있으며, 이 두 군데 외의 생산지가 있었을 가능성을 부인하지 않는다. 16세기 말경부터 17세기가 장주요 전성기였지만, 경덕진의 부활, 도자기를 실어 내던 항구에 모래 퇴적, 대對 대만 정책에 따라 인근 주민을 내륙으로 강제 이주 등의 이유 때문에 장주요는 금방 문을 닫았다고 한다.

우리는 평화현 오채라는 곳에 발굴을 마친 가마 두 곳과 그에 인접한 미발굴 가마 한군데를 견학했다. 이곳 가마는 폭이 약 4m로 지금까지 보아 온 어느 가마보다 넓었고, 길이는 일부가 파괴되어 분명하지는 않지만, 산의 경사면을 이용하고 있으며 그다지 길지 않았다. 사금파리 폐

기물은 건요나 정계요처럼 크고 넓지는 않지만, 산의 경사면 일대에는 오수수吳須手 쟁반이나 접시, 사발, 발 등의 사금파리가 어지럽게 흩어져 있었다.

미시마다완三島茶碗 銘 도이미시마土井三島

- 조선시대 16세기

- 입지름: 13.8cm, 굽지름: 8.4cm, 높이: 6.7cm, 무게: 285.8g

'도이미시마土井三島'란 도쿠가와 2대와 3대 쇼군이었던 도쿠가와히데타다德川秀忠, 도쿠가와이에미츠德川家光를 모셨고, 특히 이에미츠의 신임이 두터웠던 도이도시카츠土井利勝가 가지고 있었기 때문에 붙여진 이름이다.

  그 뒤에 에도시대 목재상이면서 차인이었던 후유키기헤이지冬木喜平次에게 넘어갔고, 그 후에도 여러 사람의 손을 거쳤고 결국 노무라 그룹의 창업자인 노무라다쿠안이 입수했다.

  분청사기로 분류할 수 있는데 안쪽 가운데는 미시마, 내면과 외면에는 고비키粉引, 굽은 하케메의 기법을 지녔기에 옛날부터 귀하게 여겼다. 계룡산 가마에서 생산한 것으로 추정하고 있다.

  차회기에 처음 등장한 것은 1565년이다.

이라보카타미가와리다완伊羅保片身替茶碗　銘　초안初雁

- 조선시대 17세기

- 입지름: 13.8~14.6cm, 굽지름: 6.3cm, 높이: 6.7cm, 무게: 290.4g

전체의 반을 나누어 두 가지 유약을 썼고 내부에 붓자국을 남긴 것이 많다. 내부의 일부는 백토를 바르는 하케메 기법을 사용했고, 전두리 부분을 의도적으로 눌러 비튼 것이 특징이다. 굽은 비교적 큰 편이며, 굽 내부에는 팽이처럼 뾰족한 토킹이 있다. 의도적인 면이 강한 다완이지만 비슷한 것이 제법 전해지고 있다.

이라보카타미가와리는 조선의 전통적인 민요에서 제작한 것은 아니다. 주문다완을 취급하던 어본요에서 만든 작품도 있겠지만 이것은 왜관요 시대의 것으로 보고 있다.

차회기에 처음 등장한 것은 1630년 경이다.

베트남

광대한 차밭을 일구다
-베트남의 차문화

중국의 윈난성과 구이저우성은 인류 역사에서 차를 시작한 곳으로 자리매김 하고 있다. 동쪽으로 자리를 넓혀 한국과 일본의 차문화가 되었고, 서쪽으로는 중근동을 거쳐 유럽, 바다를 건너 아메리카 대륙까지 확산되었다. 남쪽으로는 동남아시아 각지에 차의 음용이 확산되었는데, 지금 차를 즐겨 마시고 있는 지역은 많지 않다. 그 가운데 차 혹은 차문화에 대한 관심이 부쩍 커진 나라가 베트남이다.

베트남은 동쪽이 바다에 접하며 남북으로 긴 나라인데, 보통 북부, 중부, 남부로 나뉜다. 역사적으로 보면, '부남'이라고 불리던 남부는 지금의 캄보디아를 중심으로 한 크메르의 지배를 받았고, '안남'이라고 불린 중부에는 참파 왕국이 생겨났고, 북부는 '교지'라고 불리며 오랫동안 중국에 속해 있었다. 그런 이유 때문에 베트남의 차문화는 북부, 그중에서도 수도 하노이 중심으로 이루어지고 있다.

베트남은 예로부터 중국, 프랑스, 미국, 일본의 침략에 시달리면서도 그들의 문화를 잃지 않고 독자적인 문화를 만들어내고 있다. 예를 들어, 건축문화를 보면 부분적으로는 중국이나 프랑스의 영향을 받았지만, 전체적으로는 베트남 양식이라고 말할 수밖에 없는 것들이다.

하노이에 있는 다관

1945년 독립을 선언한 베트남이지만, 그 후에도 프랑스와의 인도차이나 전쟁, 미국과의 베트남 전쟁 그리고 중국과의 국경 분쟁이 계속되었다. 이런 끊임없는 외환 때문에 베트남 사람들이 안정적인 생활 속에서 차를 마시게 된 것은 겨우 수십 년 전에 불과하다. 지금 하노이 거리에는 '다관茶館' 이 생겨 많은 사람들이 차를 즐기며, 서부 라오스와의 국경 근처에서는 차나무 재배도 활기를 띠고 있다.

우리가 하노이에서 가장 먼저 방문했던 곳은 스옹 씨의 다관이었다. 몇 년 전 하노이를 방문했을 때도 들렀던 곳인데 장소는 바뀌었다. 그날 놀랍게도 TV 방송국에서 우리를 촬영하기 위해 기다리고 있었다. 갑작스런 인터뷰라 적잖이 당황했던 기억이다. 그만큼 베트남 사람들이 차에 대한 관심이 높다는 걸 말해 주는 듯 했다. 젊은 리포터는 우리의 방문 목적이나 일본의 차문화에 대해 많은 질문을 했다. 인터뷰가 끝나고는 다관의 경영자인 스옹 씨가 베트남의 차에 대해 설명했다.

베트남 차밭. 차밭에서 만난 소수민족 아이들

그 이야기에 따르면 베트남에서는 예로부터 차를 마시고 있었는데, 귀족이나 관료 등 부유층뿐만 아니라 일반 서민들도 예외가 아니었다고 한다. 일정한 규칙을 지닌 음용방법도 있었지만 오랜 전란을 겪는 동안에 잊히고 말았다는 것이다. 스옹 씨는 잊혀진 베트남 고유의 차 음용법을 살려 일본의 다도茶道와 같은 문화로 살려내고 싶다 했다.

설명이 끝나고 여러 종류의 차를 시음하게 해 주었다. 우려내는 방법인 녹차였는데, 전반적인 인상은 일본식 녹차에 비해 단맛이 억제된 느낌이었다. 베트남 특유의 차라는 연꽃차는 은은한 연꽃향이 좋긴 했지만 쓴맛이 비쳤다. 이 차는 제조하는데 시간과 품이 많이 들어 가격이 비싼데, 예전에는 귀족만이 마실 수 있었다고 한다.

베트남의 차 음용을 간단히 정리하면, 녹차를 사용하며 중국 푸젠성을 중심으로 성행했던 우롱차 같이 마신다고 하면 될 것 같은데, 물론 거기에도 베트남 독자적인 문화와 중국 문화가 혼재해 있는 듯했다.

다음날은 라오스와의 국경 근처에 있는 차밭을 구경했다. 하노이에서 버스로 5시간 거리에 있는 켄 그린 팜은 일본인이 운영하는 차밭으로, 일본에서 파견된 나카노야스시中野庸 씨 혼자 상주하며 현지 종업원을 지휘하고 있었다. 해발 약 1,000m에 끝없이 펼쳐진 땅이 모두 농장 부지였는데 100ha나 되는 광대한 차밭이었다. 게다가 현재 재배지는 부지의 절반 밖에 되지 않는다고 하니, 완성되었을 때는 얼마나 넓은 차밭이 될지, 좁은 땅에 사는 우리들은 상상도 할 수 없었다. 베트남은 사회주의 국가라 토지 사유가 인정되지 않아 모두가 정부 소유라고 한다.

이 지대는 연간 100일 이상 안개가 발생하지만, 맑은 날씨가 많아 차나무 재배에 아주 좋은 조건을 갖추고 있었다. 게다가 고지대에 위치하기 때문인지 병해충 발생이 적어 농약은 거의 사용하지 않는다고 한다.

연구에 의하면, 차나무 다섯 그루가 편백나무 한 그루 분량의 이산화탄소 감소효과를 지닌다고 한다. 이곳은 앞으로 천만 그루의 차나무를 식재할 예정인데, 편백 2백만 그루를 심었을 때와 같은 환경적인 효과도 기대하고 있었다.

이미 이곳에서 재배된 차는 '무농약, 안심, 안전'의 이미지가 굳어져 일본으로 수출하고 있다. 나카노 씨에 따르면 오랫동안 베트남산 품종을 시험해 보았지만 결국 선택한 것은 일본의 야부키타 종이라고 했다. 일본인의 입맛도 고려했겠지만, 야부키타가 수확량이라든가 차 본래의 맛을 추구한 결과 탄생한 종이기 때문일 것이다.

차밭과 제다공장을 견학한 후에, 거기서 일하는 사람들의 정성이 가득한 점심을 대접 받았다. 나카노 씨는 특별한 요리가 아니라 종업원들이 늘 먹는 대로 준비했다지만 무척 맛있게 먹었다. 어떤 사람은 독특한 향료 때문에 코에 가까이 할 수도 없었다고 했지만 나에게는 거부감이 없었다. 나카노 씨는 음식에 대해서도 많은 연구를 한 것 같았다.

숙소로 돌아가려면 또 5시간 동안 버스에 시달려야 하기 때문에 서둘러 작별 인사를 했다.

– 이번처럼 이렇게 한꺼번에 오시지 말고 조금씩 나눠 오시면 좋을 텐데……

나카노 씨가 농담 반 진담 반으로 한 말이었다. 그게 이국땅에서 홀로 살아가는 외로움 때문임을 모를 리 없었다.

일본 다도茶道에서는 '안남'이라 부르는 베트남 도자기를 가끔 사용하기도 한다. 하지만 그게 어느 지역에서 만들었는지, 어떤 도자 문화를 배경으로 하고 있는지에 대해선 전혀 관심이 없었다. 물론 다른 나라의 도자기에 대해서도 마찬가지다.

베트남에서는 오래 전부터 각지에서 도자기를 생산하고 있었지만, 품질 면이나 종류의 다양함에서는 북부 쪽이 가장 돋보인다고 해도 좋다. 뛰어난 도자기를 생산했던 시기는, 11세기 초에 중국에서 독립한 이왕조李王朝의 뒤를 이어 13세기 초에 흥했던 진왕조陳王朝와 15세기 초에 세워진 여왕조黎王朝에 걸친 시기, 즉 14세기부터 17세기에 걸친 약 400년간이다.

특히 청화는 한국이나 일본보다 훨씬 빠른 14세기 말에 생산이 시작됐다고 보며, 15세기가 되면 중국 경덕진산으로 오인할 만한 작품을 만들어 내고 있었다. 그러나 일본 다도茶道에서는 이런 뛰어난 도자기보다는 무늬나 도안이 있는 청화백자를 좋아했는데, 특히 다완 중에서는 잠자리 그림이 그려진 것이 유명하며 전해지는 것도 많다.

현재 베트남 북부에서 도자기로 유명한 곳은 밧찬인데, 그곳에 줄지어 선 가게에도 그런 작품은 없다. 잠자리를 선홍색으로 그렸지만, 요컨대 다도茶道의 다완으로 즐겨 사용할 수 있는 작품은 아니었다.

몇 년 전, 이곳을 찾았을 때는 멜대 양끝에 무거운 도자기를 채운 바구니를 달고, 힘겹게 흙탕길을 걷던 여성의 모습을 쉽게 볼 수 있었다. 이번에 보니 길은 거의 포장되었고, 도자기 운반은 트럭이 맡았으며, 오래된 가마는 대부분 사라지고 최신식 가마가 대신하고 있었다. 참 많은 변화를 보여주었다.

최근 다도茶道에서 '남만' 이라고 부르는 승렴繩簾-마치 발을 드리운 듯 밑으로 새끼줄 문양을 새긴 무유 도기, 특히 미즈사시가 많다- 같은 도자기는 하노이로부터 차로 몇 시간을 달려야 하는 곳에서 생산되었다는 것이 밝혀졌다. 하지만 그런 가마터들이 정식 발굴도 이루어지지 않은 채, 그대로 방치돼 있는 곳이 많은 것 같았다. 그것들이 발굴된다면, 다도茶道에 자주 사용했지만 산지가 분명하지 않았던 남방계 도자기도 차츰 그 출처가 분명해질 것이다.

마지막으로 찾은 것은 국립 하노이대학 동양문화학과였다. 이곳에서는 동양문화, 특히 일본문화를 배우는 학생이나 선생님과의 교류가 있었다. 우릴 놀라게 한 것은 일본 유카타를 갖춰 입은 여학생이, 연단에 풍로나 솥 등 다도구를 차려 놓고 데마에를 선보였다는 것이다.

이런 실연이 펼쳐진 것은 과거 일본 대학원에서 다도茶道 문화를 배웠던 만튀가 씨가 여기서 교편을 잡고 있기 때문이며, 베트남에서 오랫동안 발굴 조사를 하고 있는 니시노노리코西野範子 씨에게 다도를 배운 인연 때문이었다.

어리고 귀여운 여학생에게서 말차와 일본에서 들여온 과자를 대접을 받았다. 대수롭지 않게 여길 수도 있지만 한편으로 생각하면 이래도 좋을까 하는 의구심도 들었다. 이국에서 일본의 차문화인 다도茶道를 액면 그대로 받아들여도 괜찮을까하는 생각 때문이었다. 차문화를 가지지 못했다면 몰라도, 옛날부터 차문화에 익숙했던 베트남 같은 나라에 있어서는 당연히 베트남 문화를 소개해야 바람직하지 않나 하는 생각을 지울 수가 없었다. 물론 차문화가 활발하게 전개되지 않는 상황에서는, 자국의 차문화를 계발하기 위해 남의 차문화를 배우는 것도 의미가 있다고 이해해야 할지도 모른다. 그 때문이라면 서로 협력하면서, 노력하고 있는 니시노 씨와 만튀가 씨에게 박수를 보내야 할 것이다.

동남아시아의 또 다른 보석
─베트남의 도자기

우리 세대에게 베트남은 베트남 전쟁이 강한 인상으로 남아 있다. 바리케이드로 봉쇄된 대학 내에서 호치민이 임시혁명정부를 수립했다는 보도에 쾌재를 불렀던 것이 어제 일처럼 생각된다. 전쟁 중에 베트남을 방문한 국회의원과 호치민의 대화도 기억난다.

─ 뭔가 우리가 도와 줄 것은 없습니까?

─ 우리는 괜찮으니 당신 나라의 정의 실현에나 힘을 쓰세요.

잘난 척 하려던 국회의원이 크게 망신을 당한 이야기였다.

베트남은 도자기로 중요한 의미를 지닌 국가다. 중국으로부터 절대적인 영향을 받았으나 독자적인 도자기를 생산했으며, 한때는 동남아시아를 중심으로 활발하게 수출까지 했다. 일본의 다도茶道도 '안남' 이라 불렀던 일군의 도자기를 받아들여 다완이나 물그릇으로 사용했다.

오래 전에 베트남에 정착해 베트남 도자기를 연구하고 있는 일본인이 있다는 말을 듣고, 사람을 통해 니시노 씨를 소개받았다. 곧 메일로 연락을 받았는데, 니시노 씨가 나를 알고 있다는 답장이라서 놀란 적이 있다. 알고 보니 내가 근무하는 노무라 미술관 차실에 오는 차 선생의 딸이라는 것이었다. 게다가 어머니를 도와주며 때때로 미술관을 찾았었는데, 그때 나를 몇 번 보았다는 것이다. 말을 나누지 않았을 뿐 어디서 만났었다고 하더라도 잘못될 게 없었다. 정말 인연이란 건 어떻게 이어져 있을지 모른다는 게 실감났다.

어쨌든 니시노 씨를 알게 되자 보다 가벼운 마음으로 베트남을 찾을 수 있었다. 첫날은 하노이에 있는 국립역사박물관을 찾았다. 그렇게 된 것은 니시노 씨의 남편이며, 도자기를 비롯한 베트남 문화를 연구하고 있는 니시무라마사나리西村昌也 씨가 하노이에 살고 있는 일본인 부인 자원봉사 그룹을 대상으로 박물관에서 진열품 해설을 하게 되어 있기 때문이었다. 간단하게 인사를 나눈 뒤 부인들과 섞여 니시무라 씨의 설명을 들었는데, 도자기뿐만 아니라 베트남의 역사와 문화에 대한 망외의 소득을 얻을 수 있었다. -안타깝게도 니시무라 씨는 2013년 봄, 하노이에서 교통사고로 유명을 달리했다.-

오후에는 니시노 씨가 하노이 동쪽에 있는 박쿠닌 성의 옛 가마터들을 안내해 주었다. 이 지역에서는 10세기경부터 무유無油, 이른바 자연유 도자기를 생산했으며, 많은 가마 존재도 확인되고 있다고 한다.

먼저 도웬사 가마를 방문했다. 베트남어는 발음이 어려워 가타카나 표기로는 정확히 표현할 수 없을 것 같다. 지금 베트남에서는 알파벳 문자 위에 몇 가지 발음기호를 붙여 표기하고 있지만, 우리는 발음기호를 모르니 간판이나 지도를 봐도 정확히 발음할 수 없었다. 니시노 씨처럼 베트남어에 능숙한 사람도 발음이 조금만 달라지면 이해하기가 쉽지 않

베트남 북부에서 생산한 항아리

다고 한다. 베트남어는 뜻은 모르지만 듣기에는 익숙한 느낌을 주었는데, 특히 니시노 씨가 구사하는 베트남어는 무척 부드러운 느낌이었다.

이곳에서는 오현계五縣溪라는 강을 따라 현재 5기의 가마터가 발견되었는데, 몇 기의 가마터는 벽돌을 만들기 위한 채토 작업에 의해 훼손됐다고 한다. 또 그다지 크지 않은 강이라 우기에는 물이 넘쳐 가마터가 침수되고 파손될 우려가 있으므로, 최근 발굴 조사를 마친 2기의 가마는 높은 지대로 옮기고 자료관을 지었다고 한다.

니시무라·니시노 부부는 동남아 매장문화재보호기금을 설립했고, 가마터 보존은 거기에 접수된 지원금으로 비용을 충당하고 있다고 했다. 또한 그 기금으로 가마터 보존과 자료관 건립 이외에도 견학하는 사람들을 위한 화장실 등 편의시설도 만들었다고 했다. 참으로 의미 있는 일을 하시는 분들이었다.

가마 부근에는 표면에 무수한 새끼줄 문양을 넣은 자연유 도기 사금
파리를 볼 수 있었는데, 혹시 승렴繩簾이 아니냐고 묻자 그건 승연繩莚이
라 했다. 승렴이 대나무 도구를 사용하는 데 비해, 승연은 덜 마른 기물
의 표면에 멍석이나 거적을 휘감고 두드리면 이런 깊은 주름이 기물의
표면에 생긴다고 했다. 설명을 듣고 자세히 보니 틀림없이 승렴보다는
주름이 촘촘하며 깊었다.

승렴도 이 가마에서 생산하긴 했지만, 양자의 기법은 특별한 연속성
이 없다고 한다. 승연은 기원전부터 있었던 기법이며, 승렴은 진왕조 13
세기경부터 시작되었다는 것이다. 언뜻 보면 비슷한 것처럼 보이는 시
문방법이지만, 양자를 실제로 비교해 보면 기법이 전혀 다르다는 것을
알 수 있다.

이어 인근 쿠와캄 가마를 둘러보았다. 이곳 나우 강변에는 몇 개의 가
마가 있는 것을 알고 있지만, 아직 발굴은 하지 않고 있었다. 급한 경사
면을 따라 내려가니 물가에 도자기 파편을 쌓아놓은 곳이 있었다. 그 가
운데 몇 개는 틀림없는 승렴 무늬가 있었다. 완전한 형태라면 물항아리
로 보면 좋을 크기나 모양으로 추정되는 조각도 몇 개 보였다. 순간 다도
茶道에 사용하는 승렴 물항아리의 생산지가 아닐까 하는 생각이 스쳤지
만 그런 것은 다른 가마에서도 볼 수 있다고 했다. 결론적으로 쿠와캄 가
마를 승렴 생산지로 못 박는 것은 무리지만, 박쿠닌 성을 중심으로 생산
했다고 할 수는 있을 것 같았다.

또 다른 가마는 토하 가마였다. 앞의 두 곳과는 조금 떨어져 있으며
박쿠잔 성에 속하는데 강 건너편에 있다. 근처에는 다리가 없어 옛날 방
식대로 나룻배를 타야 했다. 3~4인승의 작은배 꽁무니에 남자가 앉아

16세기경 베트남에서 제작한 청회다완靑繪茶碗

노를 젓는데, 노를 젓는 방향이 일본과는 반대로 노를 앞으로 밀었다.

토하 지역은 쿠와캄에서 도자기 장인이 건너와 17~8세기에 도자기를 생산했다고 한다. 지금은 주택이 밀집해 가마터를 찾기가 어려웠고 발굴 또한 불가능해 보였다. 발굴한다고 해도 옛 모습을 찾을 수 없을 것 같았다.

얼마전부터 도자기를 만들고 있는 집이 있다고 해서, 좁다란 길을 따라 마을 깊숙이 자리 잡은 가마를 찾아갔다. 어렵사리 찾아낸 그 집은 좁은 앞뜰이 작업장이며, 한 쪽 구석에 그다지 크지 않은 가마를 갖추고 있다. 가마에 아궁이가 있는 것으로 보아 연료는 장작을 쓰고 있는 듯했다.

정원에서 제법 큰 직사각형의 용기를 만들고 있는 중이었는데, 화분이냐고 물어보자 뜻밖에 관이라고 대답했다. 시신을 그대로 넣는 것이 아니라, 일단 시신을 나무 관에 넣어 매장을 했다가 3년 정도 지난 후, 유골을 수습하여 이 관에 넣어 다시 매장 한다는 것이다. 기물 표면에는 꽃이나 잎이 조화를 이룬 문양이 붙어 있었다. 작업을 지켜보았는데, 점토를 틀에 넣어 압착한 후, 남은 흙을 제거하고 찍어낸 문양을 능숙한 솜씨로 기물에 붙였다.

다음날은 니시노 씨 대신 부이 밍 치 박사의 안내로 하노이 남동쪽에 위치한 하이존 성으로 갔다. 박사는 베트남 고고학연구소 소속이며, 베트남 도자기를 정력적으로 연구하고 있는 고고학자이다. 그는 《베트남 청화백자》(베트남어 · 영어)를 출판했으며, 베트남 도자기 연구의 일인자로 통했다.

지난밤은 그의 집에 초대 받았었다. 수집품들을 감상하면서 새벽이 될 무렵까지 이야기를 나누었다. 그는 도자기 이야기를 한 번 시작하면 끝이 없었으며, 술도 무척 센 편이었다. 이야기에 빠져 시간 가는 줄도 몰라 부인에게 큰 폐를 끼쳐 버렸다.

하이존 성 박물관을 찾았다. 거기에는 성 내에서 발굴된 문화재를 전시하는데 주로 도자기가 많았다. 궨방탕 부관장은 큰 호의를 베풀었는데 덕분에 수장고까지 볼 수 있었으며, 사진촬영도 제한받지 않았다. 거기에 진열되거나 수장되어 있는 대부분의 유물들은 부이 박사가 발굴한 것이라고 한다. 부이 박사는 머지않아 박물관 뒤쪽에 도자기박물관을 새로 지을 것이라며 사람 좋게 웃었다. 나중에 니시노 씨에게 이 사실을 말했더니 그게 부이 박사의 힘이라 했다. 수장고를 보여 주는 일은 좀체 없는 일이며, 대단히 파격적인 대우라는 것이었다. 부이 박사에게 감사하지 않을 수 없었다.

하이존 성에서는 녹유, 잡유雜有, 청자 등 여러 가지 도자기를 생산하

17세기 경 베트남에서 생산한 적회다완赤繪茶碗

고 있었지만, 특히 뛰어난 청화나 오채五彩가 많았다. 최근 화제가 되었던 호이안 침몰선에도 이곳 청화백자가 실려 있었다고 한다. 코발트 유약을 시유한 도자기로 다도茶道에서 '시보리테絞り手'라 부르는 것은 이 지역에서 생산된 것으로 봐도 좋을 한데, '돈보테とんぼ手'라 부르는 것은 아직 발견되지 않는다고 한다. 또 다도茶道에서 '안남적회安南赤繪'라 부르는 오채는 미사 가마에서 생산하고 있었던 것 같은데, 그 가마터는 도굴을 당해 거의 파손되어 버렸다고 한다. 적은 양이었지만 승렴도 이 지역에서 생산하고 있었지만, 역시 그 중심은 박쿠닌 성이었던 같다.

하이존 성에는 많은 가마터가 있다고 했지만, 시간이 부족해 부이 박사가 이끄는 대로 고이 마을을 찾아갔다. 마을 사람들은 부이 박사를 보자 누구나 아는 체를 했다. 그곳에서 니시무라 씨와 장기간 묵으면서 가마터를 발굴했기 때문이란다.

낯선 이방인이 왔다하니 조용한 마을에 무슨 구경거리가 난 듯 아이들이 모여드는 것은 한국이나 중국의 시골과 마찬가지지만, 이곳 아이들의 웃는 모습은 보다 해맑았다. 그늘이라곤 찾아볼 수 없는 얼굴로 다가와서 말을 거는데, 알아들을 수 없는 말로 대답을 하니 그것이 마냥 신기한 모양으로 깔깔댔다.

이곳의 가마터는 발굴한 후 매립해 버려 가마 모양을 볼 수 없지만, 근처 집에 보관하고 있는 비교적 양호한 발굴품을 볼 수 있었다. 대체로 15세기부터 16세기에 걸쳐 생산된 청화들이었는데 '태양 마크'가 있는 것이나, 내부에 한자가 쓰인 것, 혹은 외부는 갈유를 시유하고 내부는 청화로 처리한 진귀한 것도 있었다. 전반적으로 이곳의 태토는 흰 편이었으며, 굽이 견실했는데 궁정에서 사용하는 도자기를 생산했을 가능성도 있다고 한다.

다도茶道에서 말하는 안남다완은 굽이 매우 높으며, 굽 안쪽에 철유를 발라 '초콜릿 바닥'처럼 보이는 것들도 많았다. 굽이 높은 것은 16세기가 되면서 나타난 것이기에 많이 볼 수가 있다고 한다. '초콜릿 바닥'은 청화 사발뿐만 아니라 청자나 녹유사발, 접시 등에도 나타난다. 베트남에 들어온 중국 요주요耀州窯의 청자 바닥이 다갈색을 띠는데, 그걸 흉내낸 것 아니냐는 것이 지배적인 시각이었다.

또 굽 밑바닥 바깥부분을 깎아내는 것도 베트남 도자기 특징 중 하나인데, 니시무라 씨에 의하면 이것은 11세기 이왕조시대부터 볼 수 있다는 것이다.

이어서 고이 마을에서 멀지 않은 카이 마을을 찾았다. 이곳 가마터도 부이 박사와 니시무라 씨 부부가 발굴했다고 한다. 벽돌담이나 벽으로

밧챵의 가마, 밧챵의 공방 풍경

연결된 길이 미로처럼 연결되어 있는데, 이곳을 걷고 있으면 베이징의 펑둥風洞이 생각난다. 군데군데 있는 토담에 사금파리들이 박혀 있어 이곳에 가마가 있었음을 말해 주고 있다. 도착한 가마터는 민가에 둘러싸인 의외로 좁은 곳이었는데, 거기에는 17, 19, 20세기의 가마가 이웃해 늘어서 있었다. 부이 박사는 지금 도로가 되어 있는 곳을 파면 16세기 가마터가 나타날 지도 모른다고 했다. 지금까지 발굴한 가마터가 전체는 아니며 일부가 이웃집 땅에 물려 있으므로, 조만간 땅을 사들여 발굴한 후에 도웰사 가마처럼 자료관으로 만들고 싶다고 했다.

카이 마을 견학을 마치고 하노이로 돌아가는 도중에 밧챵에 들렀다. 밧챵은 하노이 교외의 홍하강 유역에 위치하고 있으며 오래전부터 도자기를 생산했고, 지금도 큰 요업단지로 번성하고 있는데, 베트남의 경덕진이라 해도 좋을만한 분위기를 가지고 있었다. 중심가에는 도자기를 파는 가게들이 줄지어 서 있는데, 크고 작은 상품이 즐비했다. 베트남 옛 도자기를 재현한 것뿐 아니라, 현대 생활양식에 맞도록 고안된 것까지 다양한 도자기가 있었다.

우리는 많은 공장들 중에서 지금도 석탄을 연료로 사용하고 있는 곳을 찾아 거기서 이루어지는 작업을 보았다. 원기둥 모양의 갑발을 사용하는데, 큰 물건을 굽기 때문인지 갑발도 엄청나게 컸다. 거기에 기물들을 차곡차곡 넣고 있었다.

가마는 지금까지 보아온 옛 가마처럼 앞뒤로 긴 모양이 아니라, 직경 2m 정도에 높이 10m나 될 정도로 높은 모양을 하고 있었다. 특이했던 것은 아궁이에만 연료를 넣는 것이 아니라, 갑발과 갑발 사이에도 석탄가루를 원반 모양으로 굳힌 것을 넣고, 가마 벽에도 역시 그것을 붙이고 있었다. 가마 내의 어느 부분에서도 강한 화력을 최대한 고르게 유지하기 위한 지혜인 것 같았다.

– 시간이 있으면 찻집에 갈까요?

하노이 시내로 돌아오자 박사가 제안했다. 마다할 이유가 전혀 없었다. 찻집이라 해도 일본의 그것이 아니라 요즘 중국에 유행하는 '다관茶館'에 가까웠다. 메뉴에 차 이름이 죽 늘어서 있지만 알 수가 없어 박사에게 맡겼더니, 베트남 산악지대에 사는 소수 민족이 채취한 야생차를 골라 주었다. 가져 온 작은 찻주전자와 작은 찻잔 세트를 보니 중국 푸젠성의 공푸차를 연상시켰는데, 역시 비슷한 방법으로 차를 우려냈다. 맛을 보니 전에 방문한 적이 있는 윈난성 징마이촌景邁村의 거대한 차나무에서 채취한 차와 향과 맛이 비슷했다. 떫은맛이 좀 강하다는 느낌은 있지만 꽤 맛있는 축에 드는 차였다.

깨와 꿀을 섞어 만든 과자를 먹고 차를 맛보고 있는데 부이 박사가 찻집 주인을 데리고 왔다. 보아하니 서른 살 전후로 보이는 젊은 사람이었는데, 오카쿠라덴신岡倉天心–일본 메이지 시대에 활약한 사상가, 문인, 철학자.《차의책茶の本》으로 유명하다–이나 센노리큐를 언급하며, 이 가게를 일본식 다도茶道의 차실과 같은 분위기로 만들고 싶다고 해 나를 놀라게 했다. 여

하튼 그런 마음가짐이나 베트남에 없었던 새로운 분위기의 가게로 일구겠다는 열정이 반드시 좋은 결실을 맺을 것이라고 덕담을 해 주었다.

돌아갈 때가 되었을 즈음에 금방 마신 찻잎을 보여 줬는데, 길이가 무려 20cm 이상이나 되었고, 폭도 8cm 이상으로 징마이촌의 찻잎보다 훨씬 컸다. 이른바 대엽종이었다. 4~6m 정도 되는 야생 차나무인데 연간 100kg정도 밖에 채취할 수 없다는 말을 곁들였다.

다음날은 시내 구경 겸 골동품 가게를 돌아보기로 했는데, 부이 박사는 괜찮은 가게를 소개시켜 주겠다며 동행해 주었다. 골동품점은 겉으로 보기에는 진열된 물건이 별로 보이지 않았지만, 안방에 들어가자 여주인은 골동 도자기들을 들고 나왔다. 사발, 접시, 주발 등이었는데, 그 중에는 침몰선에서 건진 것도 있었고, 부이 박사는 입장 때문에 말하지 않았지만 가마터에서 도굴한 것도 있는 것 같았다.

이런 골동품 가게에 가면 항상 생각하는 것이지만 한국인과 중국인, 그리고 일본인은 도자기를 보는 시각이 다른 듯하다. 한국인이나 중국인은 서양인처럼 도자기를 감상의 대상으로 보는 경향이 보다 강한 편이다. 하지만 일본인은 비록 다도茶道를 하고 있지 않으면서도, 이것은 쓸만한 것일까 또는 어떻게 사용하면 좋은 것일까 하는 눈으로 본다. 때문에 선호하는 물건에 대한 뚜렷한 차이가 생기는데, 일본인 특히 차를 하는 사람은 반드시 미술적 혹은 예술적으로 뛰어난 것보다는, 다소 이단적이라거나 소박한 것을 선택하는 경향에 있다.

부이 박사의 컬렉션도 전문가라고 하는 위치라서 그런지는 몰라도 미술적으로 뛰어난 것이 많았지만, 다도茶道에서는 '시보리테' 처럼 기술적으로는 떨어진다고 할 수 밖에 없는 것을 선택했다. 그렇게 말하면 다도茶道는 조악하고 열등한 다도구를 선택하는 취향이 있다고 말할 지도 모르지만 그건 다른 시각으로 보아야 한다. 즉, 다도茶道에는 다도구를 선택하는 명확한 기준이 있고 거기에 따라 선택한다. 수천, 수만 점 중에서 픽업된 것이기 때문에 그것을 만들었던 가마터를 가보아도 전세품과 같은 모양을 가진 사금파리를 보기란 매우 어려운 일이 되어버리는 것이다.

골동품 가게에서 몇 가지 물건을 구입한 후, 중부에 위치한 호이안으로 향했다. 호이안은 인구 1만 정도의 차분한 분위기를 가진 도시였다. 시내 중심부는 자동차 운행이 금지되어 있어 마음 놓고 산책을 할 수 있었다. 길 양쪽에 토산품 가게가 줄지어 있는 모습이 매우 인상적인데, 옛 명장들의 숨결이 느껴지는 고미술품 가게들이 빼곡하게 늘어선 일본 히다 다카야마飛驒高山 거리를 연상시켰다.

무역 도자미술관이 하나 있었는데 오래된 민가를 그대로 사용하고 있었다. 거기에는 침몰선에서 건져 올린 도자기나 이곳에서 발굴한 도자기를 전시하고 있다. 베트남 도자기만이 아니라 중국 요주요 월주요 용천요 장주요등에서 생산된 것, 일본 이마리伊万里에서 온 것, 게다가 먼 이슬람 세계에서 온 것까지 진열되어 있었다.

호이안은 한때 항구도시 번성했는데 그때는 일본인 마을도 있었으며, 지금 관광명소가 된 내원교도 일본사람이 만들었다고 한다. 베트남에서 생산된 도자기는 이곳에 모였다가 동남아나 중국, 일본에 수출됐다. 일본 하카타, 나가사키, 히로시마, 사카이, 교토 등에서도 베트남 도자기가 출토되고 있다. 그 일부는 다도茶道에서도 받아들였는데, 안남에서 생산된 것으로 귀한 대접을 받고 있는 것은 지금까지 말한 그대로다.

최근 미국 경매시장에 호이안 앞바다에서 발견된 침몰선에서 인양한 대량의 도자기가 나와 화제가 되었던 것도 기억에 새롭다. 침몰선에서

30만점이 넘는 도자기를 건졌는데, 베트남 정부는 중요한 것을 제외하고 나머지는 팔아 인양 비용에 충당했기 때문에 과거 어느 때보다 대대적인 베트남 도자기 경매가 가능했다는 것이다.

그 카탈로그를 보면 참으로 훌륭한 작품이 많았는데, 그렇지 못한 작품들은 '한 무더기에 얼마' 하듯이 도매금으로 묶어 일괄 입찰 대상으로 처리했다고 한다. 때문에 낙찰을 받은 사람은 또 그 중에서 원하는 것만 가지고 나머지는 팔아치우는 식이 되었던 것이다.

나도 그 경매에서 구입한 작품을 본 적이 있는데, 이것을 과연 15세기나 16세기에 만든 것이라 할 수 있을까 의문이 들 정도로 깨끗하게 보여 놀랐던 기억이 있다. 바다 속 깊이 잠들어 있으면 조개 등이 붙거나 오염되기도 하며, 합자 같은 경우는 뚜껑이 열리지 않는 것도 있는데, 그들은 상태가 좋아 마치 방금 가마에서 꺼낸 것처럼 보이는 것이 많았다고 무역 도자박물관 측은 설명했다. 나도 어제 골동품 가게에서 구입한 합자가 너무 새것처럼 보여 일단 오래된 물건은 아닐 거라고 예단하고 있었는데, 이야기를 듣고 곰곰이 생각해보니 그만큼 시간이 경과한 것일 수도 있다는 생각이 들었다.

호이안에서 차로 한 시간 정도 거리에 있는 참파 시대의 미송 유적을 보러 가는 도중에 징을 많이 매달아 놓은 노점이 있어 들어가 보았는데, 그것은 다도茶道에서 사용하는 징이었다. 이야기를 들어보니 노점이 늘어선 곳은 홋큐우 마을인데, 400년 이상 불구仏具를 생산하는 곳으로 유명하다고 한다. 징들도 여기서 생산한 것이라 했다. 성분 분석을 해 보지 않아 단정적으로 말할 수 없을 지도 모르지만, 징을 두드리고 소리를 들어보니 다도茶道에서 '남만동라南蛮銅鑼'라 부르는 것들 가운데 다수의 것이 이곳에서 생산되었을 것 같았다. 노무라 미술관에는 꽤 크고 별 마크가 솟아 있는 징을 소장하고 있는데, 노점 주인에 말에 의하면 그런 것은 북부에서 만들어진 것이라 했다.

호이안의 레스토랑에서 점심을 먹을 때 스프를 담아 나온 그릇이 다도茶道에서 말하는 '항네라' 와 똑같은 것이었다. 항네라는 타이에서 비슷한 것을 많이 보았기 때문에 타이에서 생산된 것이라고 생각하고 있었지만, 이것을 보니 베트남산일 가능성도 있지 않을까 생각했다. 타이에서 그랬듯이 베트남에서도 항네라에 비슷한 말은 없는지 현지 사람들에게 물어 보았다. 하지만 별 소득은 없었고, 역시 어원에 대해서는 아직 분명치 않다. 혹은 타이도 베트남도 아닌 곳에서 생산되어 수출되었다가 이름이 변형되었는지도 모를 일이다.

타

이

슨고로쿠宋胡錄, 항네라, 킨마의 고향

일본에서 '슨고로쿠' 라 부르는 도자기가 있는데, 다도茶道에서는 향합으로 많이 사용하고 있다. 드물게는 발, 물그릇으로 사용하기도 한다. 사전 같은 걸 참고하면, 슨고로쿠라는 말은 타이에 있는 한 도시인 '스완고로쿠' 가 변형된 것, 사실은 다른 곳에서 구운 도자기 등으로 설명하고 있다. 슨고로쿠를 생산한 가마터를 직접 확인해 보려는 생각으로 타이를 찾았다.

직항 비행기로 5시간 반 정도면 방콕 공항에 도착하지만, 도중에 필리핀 마닐라 공항을 들렀기 때문에 8시간 가까이 걸렸다. 예전에는 방콕 시내의 교통 체증이 심해 공항에서 시내까지 상당한 시간이 걸렸지만 지금은 고속도로가 생겨 40분도 걸리지 않았다. 그러나 시내의 정체는 여전히 심각한 상태였다. 다음날 피사누로크 공항으로 떠날 계획이라 그날은 방콕에서 하룻밤 묵으면서 타이 요리를 맛보았다.

슨고로쿠 향합

방콕에서 피사누로크까지는 비행기로 약 45분 걸리는 약간 싱거운 비행이었다. 피사누로크는 인구 수 만의 그리 크지 않은 도시인데, 스코타이의 관문으로써 의미가 큰 곳이라 한다. 피사누로크에서 스코타이까지의 길은, 간선도로임에도 불구하고 아직 포장이 충분하지 않았고, 곳곳에 울퉁불퉁한 길이 나타났다. 창밖으로 보이는 간판은 독특한 타이 문자가 대부분인데 알파벳 표기가 없어 무엇을 하는 가게인지 도무지 알 수가 없었다. 그래도 간간이 낯익은 일본 메이커의 간판이 눈에 띄었고, 미국이나 유럽, 한국 메이커의 간판도 보였다.

1시간 정도 걸려 스코타이에 도착했는데 스코타이도 그리 크지 않은 도시였다. 외관은 피사누로크와 별반 달라 보이지 않았다. 시내에는 볼거리들이 거의 없어 과거 스코타이 왕조의 중심지였던 교외 역사 공원으

스코타이 도자기

로 향했는데, 가장 먼저 스코타이국립 박물관으로 직행했다. 관장인 파리아토 타마프리 샤콩 선생은 스코타이 도자기에 대해 대강 설명을 한후 박물관을 안내해 주었다. 이 박물관은 오로지 스코타이의 도자기에만 초점이 맞추어져 있었는데, 관장의 설명과 전시된 작품을 둘러보니 스코타이 도자기에 대해서 대충 이해가 될 것 같았다.

간추려서 말하면, 타이의 도자기에는 몇 개의 타입이 있다. 가장 오래된 것은 인접한 캄보디아의 영향을 받은 반첸 양식이며 주로 국경 지역에서, 그 후 나타난 크메르 양식은 북부 도시 치앙마이를 중심으로, 13세기 후반부터 16세기 후반에 걸친 스코타이 양식은 스코타이 부근에서 생산되었다. 그리고 아유타야 왕조시대에는 찬란한 벵챠롱 양식이 시작된다.

도우란 가마터 유적

스코타이 양식은 주로 스코타이 가마와 시사챠나라이 가마 두 곳에서 생산했는데, 우리가 알고 싶은 슨고로쿠는 시사챠나라이의 제품일 것 같았다. 시사챠나라이는 스완고로쿠에 인접한 도시인데, 그 제품들은 모두 스완고로쿠에 모였으며 거기에서 배에 실려 일본으로 전해졌다. 스완고로쿠란 말이 변형되어 슨고로쿠가 되었다고 하니, 일본의 아리타 와 이마리의 관계와 같은 것으로 이해해도 좋을 것이다. 아리타의 도자 기를 이마리 항구에서 수출했기 때문에 외국에서는 이마리 도자기라 불 렀던 것처럼 말이다.

파리아토 관장의 안내로 박물관 근처에 있는 도우란 가마터를 찾았 다. 이 가마는 15세기 경에 축조했다고 하는데, 길이는 5~6m, 폭 2~3m정도의 달걀 모양을 한 작은 가마인데, 천장 부분은 떨어져 나갔지만 높이는 2m정도 되어보였다.

가마 내부는 연소실, 소성실, 배연실의 세 부분으로 나뉘어 있고 각각 칸막이가 설치되어 있었다. 가마벽과 칸막이 벽 모두 벽돌을 사용했는데, 벽에 벽돌을 사용하게 된 것은 15세기 이후라고 하며, 그 이전에는 흙을 개어서 벽을 쌓았던 모양이다.

이 가마 부근에서 철회鐵繪와 백자 사금파리를 보았는데, 관장에 따르면 스코타이의 가마에서 생산한 것은 대부분 철회와 백자였으며, 청자나 흑유 도자기는 거의 생산하지 않았다고 한다. 백자라고 해도 이른바 백토를 입힌 것이며, 중국이나 조선백자처럼 선명한 흰색이 아니라 오히려 고려다완의 하나인 고비키粉引나 중국 자주요의 백지철회白地鐵繪에 가깝다. 철회는 백토를 입힌 위에다 철사로 문양을 넣은 것인데, 어떤 이유에선지 물고기를 그린 것이 많은데, 이것이 스코타이 양식을 대표하는 문양이 되었다.

점심 후에는 인근 시사챠나라이로 옮겨 스완고로쿠 도자기 센터를 찾아갔다. 이 센터는 본관과 역사공원 안에 있는 별관으로 구성되는데, 각각의 가마터는 훌륭한 보호 구조물을 설치하여 보존하고 있었다. 특히 별관의 가마터는 대단했는데, 지하 10m 정도 파고 내려가 보면, 몇 개의 가마가 시간차로 차례차례로 축조된 것을 잘 알 수 있다.

이곳 가마도 스코타이와 같은 정도의 크기였으며 구조도 다를 게 없었다. 스코타이에는 가마터가 50개 정도 확인되지만 시사챠나라이에는 무려 1,000여 곳이나 확인되고 있다 하니 놀라울 따름이었다.

가마터에는 발굴된 완성품이나 반제품, 사금파리들이 정리되어 있었는데, 청자가 가장 많았고 철회나 백자는 그저 있었다는 정도였다. 타이에서는 청화백자를 거의 생산하지 않았다고 한다. 관장의 말에 의하면,

스코타이 도자기 판매점

골동품 가게에서 흔히 볼 수 있는 청화백자는 베트남, 중국, 일본의 물건
이란다. 그러고 보니 어제 골동품 가게에서 산 청화백자는 타이 것이 아
니라 베트남산일 수도 있다는 생각이 들었다.

이 센터 전시실에는 일본에서 전해지고 있는 슨고로쿠와 꼭 같은 합
자가 있는데, 시사챠나라이 가마 생산품이라는 설명이 있었다. 따라서
분관 근처에 있는 가마터에서 슨고로쿠 같은 사금파리가 눈에 띄지 않고
청자가 많이 보인다고 해도, 이곳 어느 가마에서 구워진 것이 분명하며,
일본에서 말하는 슨고로쿠도 시사챠나라이에서 생산된 것으로 봐도 좋
을 것 같았다.

스코타이에도 그랬지만 역사공원의 중심은 왕궁이다. 그것을 둘러싸
듯이 와트-사원- 유적이 있고 가마터는 그 근처에 있었다. 가마 견학은

끝났지만 어렵사리 온 길이라 이들 유적도 몇 군데 구경했다. 남부의 아유타야나 이곳 스코타이 유적은 대부분 주춧돌이나 기둥만 남아 있는 게 많다. 지진으로 무너졌다고 들은 적이 있는데 사실은 이웃 버마-미얀마-군에 의해 파괴되었다고 한다. 타이와 버마는 몇 번이나 싸움을 했는데, 한때 타이가 버마에 굴복한 적이 있었다. 그 때의 전투나 미얀마군의 소행으로 그리되었다는 것이다. 이들 유적은 나름대로 훌륭한 가치 있는 반면, 인간의 어리석음을 증명하는 기념비처럼 느껴지기도 했다.

다음날 시사챠나라이 북부에 있는 타카오파오헤이 가마터를 찾았다. 이 가마 역시 작았고 스코타이나 시사챠나라이와 비슷한 구조였다. 흩어진 사금파리를 가지고 판단해 볼 때, 이곳에서는 무유도기를 주로 생산했던 것 같았다. 타이의 무유도기는 치앙마이 부근이 많은데, 이 가마도 그들 북부 계통의 가마에 속하는 것 같았다. 오래된 반첸 양식처럼 붉은 무늬를 그리지 않고 새김문양을 했으며, 항아리 같이 상당히 큰 물건을 생산했던 것 같았다. 또 벽돌로 쌓은 가마인 것으로 보아 15~16세기경에 걸쳐 축조한 가마였다.

시사챠나라이에는 챠위 민속박물관이 있는데, 오래 전에 챠위라는 사람이 수집한 공예품과 민속자료가 전시되어 있었다. 거기에 항네라와 비슷한 무유도자기가 있었다. 하지만 그들은 모양도 달랐고 용도도 냄비로 사용되었으며, 통역에 의하면 명칭도 다오춘가란이라고 하는 것 같아 항네라와는 연관성이 없는 것 같았다. 그런데도 이들 가운데서 몇몇이 일본에 반입되면서 어떤 연유인지는 몰라도 항네라라는 이름을 얻게 되었고, 다도의 다도구로서 받아들여지지는 않았을까 하는 생각이 끊이진 않았다.

다도茶道에서 킨마蒟醬라 부르는 칠기도 타이와 버마에서 생산된 것으로 알려져 있는데, 이 챠위민속 박물관에 킨마와 동일한 기법과 색채의 물건들이 전시되어 있었다. 그것들은 타이 북부의 탓쿠 지방에서 수집된 것이라는데, 지금도 북부에서는 이러한 칠기를 만들고 있다고 했다. 같은 것을 고미술점에서도 봤지만 안타깝게도 그것들이 다도의 도구로서 사용되기에는, 형태나 디자인이 미치지 못하는 것들이었다. 다도에 선택된 도구들은 비록 잡기라 하더라도 다도의 엄격한 미의식을 충족시켜야 했다. 그런 이유 때문에 다도의 전세품으로 남아 있는 것은 훌륭한 물건이라는 등식이 성립되는 것이다.

킨마의 어원은 킨마라는 식물의 잎을 담는 용기에서 시작됐다는 설이 있다. 이것은 전혀 근거 없는 이야기가 아니며 타이에서는 지금도 그렇게 사용하고 있다고 한다. 킨마는 캉막KANMAK과 관련이 있다는 것이다. 분명 다른 발음이지만 그렇다고 아예 거리가 멀다고 할 수도 없다는 걸 알 수 있다. 즉, 캉막이라는 말의 발음이 약간의 변형을 겪어 킨마가 되었다는 주장이다.

캉막은 씹는담배의 일종인데, 이 잎에 야자과 나무 열매나 껍질 등을 말아 씹으면 독특한 맛이 나며 중독성이 있다고 한다. 씹고 있으면 입 안에 새빨간 즙이 생기는데 삼키지 않고 침으로 뱉는다. 침 뱉는 모양새가 점잖지 못해 지금은 꺼리는 경향이지만, 지금도 시장에는 대량으로 쌓아놓고 팔고 있었다. 씹는 방법을 가르쳐 주어 한 번 도전해 보았는데, 너무 자극적인 맛 때문에 제대로 입에 넣어보지도 못하고 뱉어버릴 수밖에 없었다. 일반적으로 석회를 곁들인다고 하지만 이곳에서는 그렇게 하지 않는 것 같았다.

타이의 시장은 어디든지 활기가 넘친다. 고기, 생선, 채소, 과일에서 일용품까지 온갖 것을 파는데, 특이하게도 같은 물건을 파는 가게가 천

편일률적으로 나란히 늘어서 있다. 과일 매장에는 과일의 왕으로 불리는 두리안이 있어서 하나 샀는데, 160엔을 주니 꽤 큰 것을 주었다. 두리안은 호텔이나 비행기에는 반입이 금지되어 있기에 그 자리에서 잘라 먹어보았다. 매우 달콤하고 깊은 맛은 명불허전의 강렬한 맛이었다. 다 먹을 수 없어서 남은 것은 가이드가 가져가기로 했는데, 웬걸 시장에서는 느끼지 못했던 역겨운 냄새가 차 안에 진동을 했다. 과일의 왕이라지만 왜 이것이 반입금지 물품이 되었는지 지 쉽게 납득이 되었다. 장미가 아름다운 것은 가시가 있기 때문이라고 했던가.

차 한 잔!
내가 고른 노무라 미술관 소장 조선 명품다완 10선. 5

웅천다완熊川茶碗 銘 영광靈光
- 조선시대 16세기
- 입지름: 13.5cm, 굽지름: 6.3cm, 높이: 7.7cm, 무게: 305.6g

'영광靈光'이란 미쓰이 물산을 창업하고 근대 스키샤로 불리웠던 차인인 마쓰다돈오益田鈍翁가 이 다완을 무척 좋아하여 붙인 이름이라 한다.

웅천은 부산에서 가까운데 예전에 왜관이 있었던 곳이다. 그러나 웅천 근처에서 이런 종류의 다완을 제작했다는 사실이 확인되지 않고 있다. 이 다완이 지닌 특징으로 볼 때 함경도 회령 지방에서 만든 것으로 추정된다. 기록에도 함경도에서 만들었다는 내용이 있으며, 오래 전부터 일반적인 고려다완과는 다른 종류라고 여겼다. 예를 들어, 일본 아리타에서 만들고 이마리 항구에서 수출한 도자기가 유럽에서는 이마리 도자기로 부르는 것과 같은 이치가 아닐까 생각한다.

전두리가 약간 밖으로 젖혀졌으며 허리가 볼록하다. 굽은 크고 단단하며 대나무 마디 모양의 죽절굽이다. 굽 안에 팽이처럼 뾰족한 토킹이 있다.

차회기에 처음 등장한 것은 1661년이다.

아오이도다완青井戸茶碗　銘 낙엽落葉

– 조선시대 16세기 釉流

– 입지름: 14.6cm, 굽지름: 5.1cm, 높이: 6.7~7.3cm, 무게: 304.8g

이것은 이도다완의 조건을 모두 갖추었지만 크기가 비교적 작고 푸른 빛을 띠고 있다. 사람에 따라서는 이것을 소이도와 같은 종류로 보기도 한다. 대이도와 마찬가지로 제기로 사용되었을 것으로 추정하는데, 크기로 보아 나물 종류를 담는 것으로 보고 있다.

　푸른빛을 띠지만 비파색 또한 나타나고 있으며, 안과 밖에는 유약이 흘러내린 자국이 있다. 굽은 강하게 깎은 흔적을 보이며, 옆에는 가이라기가 확실하게 보이며 묵직한 느낌을 준다.

　청이도가 문헌에 처음 등장하는 것은 1787년으로 꽤 늦은 편이다.

* 옮기고 나서

타니아키라谷晃 선생은 오래 묵은 분청사기 같은 질감을 지녔다. 단언
컨대 고급 위스키 잔보다는 삐거덕거리는 탁자에 놓인 막걸리 사발을 먼
저 잡을 것이다. 찌든 술 담배 냄새로 도배된 선술집에 앉기를 좋아하기
때문이다. 선술집에 앉아도 홍조만 피어날 뿐 소리를 높이지 않는다. 빙
그레 웃으며 소주잔을 채워 준다. 50년 외길에 어찌 결기가 없었겠는가
마는, 지금 선생은 참 고요하다. 미술사학자가 되지 않았다면 시인이 되
지 않았을까 뜬금없는 생각을 일게 한다.

그동안 선생이 내놓은 저작들은 모두 무거운 작업들이었다. 일본 차
문화사라든가 방대한 차회기 연구는 일본 다도문화 연구 중에서도 도드
라지는 업적이다. 거기에 비하면 이 글은 가벼운 일탈이다. 학자의 길만
을 걸어 온 그에게 숨구멍 같은 글이라 할까. 그렇다고 하더라도 역시 학
자로서의 습성(?)을 전혀 벗지 못한 글이다. 스스로 르포르타주가 될 거
라고 서문에서 밝혔듯이.

타니 선생의 일에 대한 사랑과 집중을 읽었다. 천생 학자일 뿐인 선생
이 사랑하는 사람들과 오래 그렇게 있기를 소망한다.

역자

타니아키라谷晃의 차문화 기행紀行

지은이 | 타니아키라(谷晃)
옮긴이 | 박영봉
펴낸곳 | 월간 〈차의 세계〉
펴낸이 | 최석환
편 집 | 김다혜, 전혜선
디자인 | 김세연

2014년 4월 1일 초판 인쇄
2014년 4월 10일 초판 발행

등록 · 1993년 10월 23일 제 01-a1594호
주소 · 서울시 종로구 운니동 14번지 미래빌딩 4층
전화 · 02) 747-8076~7, 733-8078
팩스 · 02) 747-8079
ISBN 978-89-88417-71-3 03880

값 18,000원